양주 이야기

차례
Contents

서양 술의 이해

독한 술은 좋을 게 없다

아직도 우리 주변에는 독한 술을 많이 마시는 것을 마치 히말라야를 정복한 것인 양 대단한 자랑으로 여기는 사람이 많다. 이런 사람들 중에는 가끔 "엊저녁에 80도짜리 양주를 몇병 비웠는데도 말짱하다."느니 하면서 은근한 자랑과 무식(여기서 80도란 80프루프 즉 40도를 뜻한다)을 늘어놓기도 한다. 그러나 독한 술을 마시는 것은 결코 자랑할 만한 일이 못된다. 알코올 도수가 높은 술일수록 빨리 취하게 되면서 구강 점막, 식도, 위, 간장, 그리고 뇌에까지 우리 몸은 급작스런 변화에 상처를 받게 된다. 스위스의 유명한 리큐르인 압상트(Absinthe)

3

는 자신이 태어난 스위스를 비롯하여 여러 나라에서 판매가 금지되고 있는데, 까닭인즉 이 술의 알코올이 68도나 되기 때문이다. 술에서 알코올 농도는 맛, 촉감 등 술 자체의 성질을 결정짓기도 하지만 의학적으로도 대단히 중요한 의미를 가지고 있다.

술이 우리 몸에 이롭게 작용하려면 먼저 알코올 농도가 낮아야 한다. 옛날에는 어떻게 하면 알코올 농도를 높일까 고민도 많이 했으나 과학 기술이 발달한 오늘날에는 만드는 사람 마음대로 얼마든지 알코올 농도를 높이기도 하고 낮추기도 한다. 알코올 농도가 높은 술을 신비스런 눈초리로 바라볼 필요도 없고, 또 이 술을 마시는 사람도 그런 눈으로 우러러볼 필요도 없다. 더러는 알코올 농도가 높아야 '진짜' 혹은 '원액'인 줄 잘못 아는 사람도 있지만, 알코올 농도와 술의 품질과는 아무런 연관이 없다. 오히려 알코올 농도가 높은 술은 건강을 해친다. 알코올 농도가 아주 높은 술이나 많은 양의 술을 한꺼번에 마시면 육체적 건강은 치명적 상태에 이르게 된다. 술은 천천히 즐거운 마음으로 마시고, 독한 술은 물이나 다른 음료와 섞어서 마시는 것이 좋다.

알코올 농도 표시

알코올 농도를 표시하는 방법은 나라마다 약간씩 차이가 있다. 우리나라에서는 술 100㎖에 들어 있는 순수 알코올의

㎖를 '도(度)'로 표시하고, 이를 '주정도(酒精度)'라고 한다. 그러니까 25도짜리 소주라면 소주 100㎖에 알코올이 25㎖ 들어 있는 셈이다. 또 이 주정도를 %로 나타내기도 하는데, 이때는 부피를 기준으로 측정했다는 표시로 vol% 혹은 v/v%라는 단위가 들어간다. 왜냐면 무게를 기준으로 하면 그 수치가 상당히 달라지기 때문이다. 즉, 알코올 100㎖는 80g밖에 안 된다. 예를 들어 25도짜리 소주 한 병(360㎖)에 들어 있는 알코올의 무게는 다음과 같이 계산할 수 있다.

360㎖×25/100=90㎖

여기에다 비중 0.8을 대입하면,

90㎖×0.8g/㎖=72g

즉, 소주 한 병의 알코올 무게는 72g이다.

양주에 표시된 퍼센트(%) 단위는 우리의 % 단위와 똑같은 개념이나, 프루프(Proof : 증명, 증거)는 딱 반으로 잘라야 그 농도가 같아진다. 가령 40도를 등식으로 표시하면, 40도=40%=80Proof가 된다. 여기서 프루프가 알코올 농도를 표시하는 단위로 쓰이게 된 데는 다음과 같은 유래가 있다.

옛날 영국에서 발효시켜 만든 술을 증류하여 고농도 알코올을 얻을 수 있었으나 이를 정확히 측정하는 방법이 없었다. 그래서 궁여지책으로 증류한 알코올에 화약을 섞은 다음 여기에 불을 붙이는 방법을 고안해 냈다. 불꽃이 일어나면 "프루프!" 하고 외쳤는데, 즉 증류가 잘된 고농도 알코올이란 점이 증명되었다는 뜻이다. 이때부터 알코올에 불꽃이 일어날 때의

5

농도를 100proof라고 했으며, 이후 정확한 측정 방법이 발달됨에 따라 100proof일 때의 농도가 50%를 약간 넘는다는 사실도 알아냈다. 오늘날 이 프루프란 단위를 구태여 사용할 필요는 없지만 계속 사용하고 있는 것은 마시는 술의 농도가 어차피 100proof 이하가 대부분이기 때문이다. 100proof가 넘는 술이라면 조심하라는 경고의 뜻으로 받아들이면 된다.

원숭이가 담근 술

한 일본인이 세상사에 회의를 느껴 산속에서 몇 년을 보내면서 원숭이와 친하게 지냈다. 어느 날 원숭이를 따라가 보니 움푹 팬 바위에 불그스레한 액체가 고여 있는데, 사방에 향기가 그득하기에 맛을 보니 바로 원숭이가 담근 머루주였다고 한다. 우리나라에서도 강화도 전등사를 지을 때 오랜 일에 지친 목수에게 원숭이가 술을 갖다 주어 목수들이 힘을 얻을 수 있었다는 얘기가 전해 내려오고 있다.

이 술을 원주(猿酒)라고 하는데, 옛날부터 귀하게 여겨 비싼 값으로 팔렸다지만 그 사실 여부는 확인하기 어렵다. 포도속(屬)에 속한 식물들은 열매의 껍질에 알코올 발효를 일으키는 이스트가 묻어 있고 과즙에는 당분이 많이 있어서 살짝 으깨기만 해도 발효가 일어나 알코올이 생길 수 있다. 그래서 원숭이가 머루를 따서 술을 만들었다는 이야기는 과학적으로 전혀 근거가 없는 것은 아니다.

처녀가 씹어 만든 술

술이란 당분이 변한 것이다. 그렇기 때문에 술의 원료가 되려면 반드시 당분을 함유하고 있어야 한다. 포도를 비롯한 과일에는 당분이 있어서 쉽게 술이 되지만, 쌀이나 보리 등 곡류는 주성분인 녹말이 당분으로 변해야 술이 될 수 있다. 이렇게 녹말이 당분으로 변하는 과정을 당화(糖化)라고 한다. 우리가 밥을 오래 씹으면 단맛을 느끼는 것도 바로 이 당화라는 과정을 거치기 때문이다.

조선시대 유구국(琉球國 : 현재의 오키나와) 사람이 자기네 나라에서는 열다섯 살 처녀가 쌀을 씹어서 침으로 당화시켜 술을 빚는다는 이야기를 전했다는 기록, 남방의 미인주(美人酒) 역시 입으로 씹어서 만든 술이란 점 등으로 미루어 보면, 옛 사람들도 당화라는 과정을 거쳐야 술이 된다는 기본 지식은 알고 있었던 것으로 생각된다. 밥을 씹어서 뱉고 이것을 모아서 술을 만들었으니 참으로 귀한 술이었을 것이다.

대부분의 동양권에서는 누룩이라는 곰팡이와 이스트의 복합체를 사용하여 술을 만들었다. 누룩은 당화와 알코올 발효 작용이 동시에 연달아 일어나므로 녹말질 원료를 만나면 자연스레 술로 변하게 하는 간편한 발효제이다. 반면에 여러 가지 미생물들이 한데 뭉쳐 있는 덩어리이기 때문에 만드는 사람이나 풍토, 계절 등의 영향을 받을 수밖에 없다.

서양에서는 습도가 높지 않아 곰팡이보다는 엿기름 즉 맥

7

아를 이용하여 당화를 시켰는데, 이는 그들의 주식인 빵을 만드는 과정에서 나온 것으로 추측된다. 소 뒷걸음치다 쥐 잡는다고, 잘못 보관하여 싹이 튼 보리로 빵을 만들다가 싹이 튼 보리 즉 맥아가 녹말을 분해하여 당분을 만든다는 사실을 발견한 것이다. 실제로 이집트나 메소포타미아 등 고대 유적에서도 맥주를 만들 때 먼저 빵을 만든 다음, 이것을 다시 물에 풀어서 술을 만들었다는 기록을 발견할 수 있다.

증류 기술의 발전

동양에서는 곡류를 이용하여 만든 술을 그대로 마시는 탁주(濁酒)와, 탁주를 가라앉혀서 얻는 맑은 술 즉 청주(淸酒)에 여러 가지를 가미하여 다양하게 변화시킨 술이 발달하였다. 서양에서는 포도 재배가 잘되는 곳에서는 와인이, 그렇지 못한 곳에서는 맥주가 발달하였다.

이렇게 자연의 힘을 이용하여 술을 만들던 방식에 커다란 변화가 생기는데, 다름 아닌 증류라는 방법으로 알코올 농도를 높일 수 있는 기술을 발견한 것이다.

이 기술은 근대 화학의 기초를 확립한 아라비아의 연금술사가 개발한 것으로, 동서양에 고루 퍼지게 된다. 동양에서는 곡주를 증류하여 소주·고량주 등 독한 술이 나오면서 여기에 인삼·매실 등을 넣은 추출주도 출현하게 되고, 서양에서는 와인을 증류하여 브랜디를, 맥주를 증류하여 위스키와 진 등을

만들게 된다. 이렇듯 인류가 소주·위스키·브랜디 등 증류주를
마시기 시작한 것은 그리 오래된 일은 아니다.

묵은 술이 몸에 좋다고?

'술은 오래될수록 좋다'는 것이 일반적인 상식처럼 굳어져
있다. 특히 양주라고 하는 위스키나 코냑은 말할 것도 없고 알
코올 농도가 낮은 와인까지도 오래된 것을 최고의 미덕으로
여긴다. 집에서 담근 인삼주나 모과주 같은 추출주도 적어도
몇 년은 묵혀야 제대로 된 술로 취급된다. 이런 풍토는 우리나
라뿐 아니라 다른 나라에서도 마찬가지이다. 과연 술이 오래
되면 무엇이 어떻게 좋아지는 건지, 아니면 더 나빠질 수도 있
는지 한 번쯤 따져 보는 것도 괜찮을 듯싶다.

우선 막걸리는 알코올 농도가 낮고 영양분이 많아서 살균
한 밀폐 용기에 넣어 두지 않으면 초산발효가 일어나 금방 신
맛이 난다. 해서 오래 두어도 좋을 것이 없다. 서양의 막걸리
라고 할 수 있는 맥주도 막걸리처럼 알코올 농도가 낮고 영양
분이 많아서 오래가지 못한다. 하지만 맥주는 살균 밀폐된 병
이나 캔에 보관하기 때문에 장기간 유통이 가능하다. 또 맥주
는 제조 과정에서 얼마간 숙성이라는 단계를 거쳐서 발효 뒤
끝에 나오는 불쾌한 냄새를 없애고, 탄산가스가 잘 스며들게
하여 상쾌한 맛과 향이 우러나도록 유도시킨다. 이처럼 알코
올 농도가 낮은 술은 제조 과정에서 나올 수 있는 불쾌한 맛

이나 향을 없애는데, 이를 '숙성'이라고 표현한다.

오래된 와인이 비싸다는데?

숙성이란 과정에 대해 가장 말이 많은 것도, 쉽사리 이해할 수 없는 것도 와인일 것이다. 프랑스에서는 와인을 만들 때 큰 탱크에 포도를 짓이겨 넣고 그 위를 콘크리트로 밀봉해 수십 년 둔다는 헛소문, 우연히 발견한 수백 년 묵은 와인이 아주 비싸게 팔렸다는 해외 토픽 등은 오래된 와인의 신비로움을 한결 더해 준다. 하지만 와인 역시 오래되어 좋을 것이 없다. 와인의 알코올 농도는 10% 안팎으로 맥주에 비해 높기는 하지만 이 정도 농도로는 장기간 보관이 불가능하다. 적어도 20% 이상은 되어야 자체적으로 보존이 가능하다.

와인은 살아 있는 생명체와 같이 수명이 있어서 갓 발효가 끝난 와인은 맛이 거칠지만, 점점 숙성되면서 원숙한 맛을 유지하다가, 어느 정도 지나면 노화되어 결국에는 부패되고 만다. 이 기간은 포도의 품종이나 만드는 방법에 따라 일정하지는 않다. 고급 와인은 충분한 숙성 기간을 거친 뒤에 병에 넣는데, 병 속에서도 미세한 변화를 일으켜 원숙한 맛으로 개선될 수 있다. 이 역시 너무 오래되면 부패하기 때문에 가장 좋은 상태일 때 개봉해야 한다.

대체로 고급 화이트와인은 2~5년, 레드와인은 5~10년 정도가 되었을 때 가장 원숙한 상태라고 할 수 있다. 이런 와인은 우리가 흔히 가까이할 수 없는 상등품에 해당되고, 그 외 대부분의 와인은 1,2년 사이에 소비되는 것이 보통이다. 50년, 100년 묵은 와인이 비싼 값에 팔리는 경우는 맛보다는 골동품으로서의 가치가 더 크기 때문이라고 봐야 한다. 그래서 와인은 숙성 기간을 표시하지 않고 수확 연도(vintage)만 병에다 표시한다. 즉, 와인은 숙성 기간으로 평가하는 것이 아니라 수확한 햇수로 판단한다.

묵혀서 좋은 술

오래되어 좋은 술은 증류주 즉 알코올 농도가 상당히 높은 술이다. 우선 이 술은 알코올 농도가 높아서 오랜 세월이 흘러도 부패되지 않는다. 그중에서도 위스키나 코냑은 오크통에서 숙성되기 때문에 오크통 성분이 술에 스며들어 독특한 향을 선사한다. 이런 술은 10년, 20년씩 숙성시키고 병에도 자랑스레 그 숙성 기간을 표시한다. 그렇지만 술이 오래되었다고 특별히 몸에 좋은 성분이 생긴다거나 그렇게 변하는 것은 아니다. 단순히 색깔과 향이 좋아질 뿐이다. 술이 오래되면 거칠고 단순한 맛보다는 은근하고 온화하면서도 깊은 맛으로 변한다. 그러니까 오래된 고가의 양주라고 반드시 맛이 좋다고는 볼 수 없다. 어느 정도 숙성된 것이라면 그 기간이 짧더라도 향과 맛을 충분히 느낄 수 있어서 구태여 오래된 양주만을 고집할 필요는 없다. 대부분의 위스키나 코냑도 3~5년 사이의 것이

가장 많이 팔린다. 너무 오래 숙성시키면 오히려 향의 손실을
가져온다고 주장하는 사람도 많다.

오크통도 술의 원료다

와인을 비롯하여 위스키, 브랜디 등 서양의 전통주는 모두
오크통(참나무로 만든 양조용 나무통)에서 숙성이라는 신비스런
과정을 거친다. 이런 숙성 과정이 있었기에 그들은 술을 오랜
세월 동안 보관해 가면서 그 맛의 변화를 음미하고, 또 거기에
다 가치를 부여하는 그들만의 독특한 음주 문화를 형성해 왔
던 것이다.

반면에 오랜 역사를 자랑하는 동양권에서는 술을 숙성시키
는 과정보다는 약이 되는 동식물을 술에 넣어 그 약효를 추출
하는 시간을 기다리는 정도였다. 술을 담아 두는 용기도 대부
분 도자기 종류였는데, 이 용기들은 술에 아무런 영향을 주지
않아 오래 두어도 향이나 맛이 좋아지지 않았다.

오크통은 고대 이집트에서 시작하여 로마시대부터 널리 사
용되었는데, 그 당시 와인을 저장하거나 운반하는 데 가장 적
합한 용기였다. 돌이나 흙으로 만든 용기는 무겁기도 하지만
깨지기도 쉽고, 또 금속으로 만든 용기는 값이 비싸고 와인이
쉽게 변질되어 사용할 수가 없었다. 대신 가죽 부대를 많이 사
용했는데, 이 또한 많은 양을 저장·운반하는 데는 한계가 있
어 오크통의 수요는 점점 늘어날 수밖에 없었다. 이때부터 오

늘날까지 와인은 오크통에서 발효시키고 저장·운반했기 때문
에 서양 사람들에게 와인은 오크통 냄새를 빼고 나면 와인으
로 인정받기 힘들 정도가 되어 버렸다.

와인은 오크통에서 간접적인 극히 제한된 공기 접촉으로
서서히 숙성되면서 오크통에서 우러나는 맛과 향이 뒤섞여 세
련되고 다양한 부케(와인의 생산 또는 숙성 과정에서 생기는 와
인의 냄새나 향기)가 형성된다. 그리고 위스키나 브랜디도 갓
증류한 무색의 투명한 술이 오크통에서 점차 황갈색의 아름다
운 색깔로 변하면서 원료에서 나오는 고유의 향과 나무 향이
어우러져 독특한 향미를 갖게 된다. 와인은 본래의 향과 맛을
가지고 있어 오크통이 맛과 향에 미치는 영향이 그다지 크지
않지만, 위스키나 브랜디는 거의 오크통에서 우러나는 성분이
맛과 향을 좌우한다. 따라서 오크통은 이들 증류주를 저장하
는 용기라기보다 하나의 원료라고 할 수 있다.

술의 품질을 좌우하는 오크통

밀주를 만드는 사람들이 스코틀랜드 깊은 산속에서 갓 증
류한 보리술을 (셰리를 담았던) 오크통에 오래 넣어 두었다가
오늘날 위스키를 만들게 되었다고 한다. 그리고 오랜 기간 동
안 항해를 하느라 부피를 줄이려고 증류한 와인을 주로 오크
통에 넣어 보관하였는데 그 향과 색깔이 좋아지는 것을 알게
되어 오늘날의 브랜디가 탄생하게 되었다. 투박한 토속주인

13

이 술들이 세계적인 명주로 성장한 데는 오크통이라는 결정적인 원료를 만날 수 있었기에 가능하였다. 와인을 비롯하여 위스키, 브랜디 등 서양 술은 오크통에서 품질이 결정된다고 해도 지나치지 않을 만큼 오크통은 서양 술에서 가장 중요한 역할을 한다.

사이다는 사과 술

외국에 나가서 사이다(Cider)를 주문하면 종업원이 고개를 갸웃거리는 모습을 보게 된다. 사이다는 우리나라와 일본에서는 달콤한 탄산음료로 통하지만 그 외에 다른 나라에서는 사과로 만든 술을 뜻하기 때문이다. 게다가 '사이다'라는 술 이름도 잘 알려지지 않아서 모르는 사람은 의아해할 수도 있다. 대개는 '세븐업'이라는 상표로 주문해야 톡톡 쏘는 우리 식의 사이다를 맛볼 수 있다. 마찬가지로 콜라도 '코크', '펩시' 등 상표명을 말해 줘야 더 잘 알아듣는다.

사이다는 '하드 사이다', '소프트 사이다', '애플와인'으로 나눌 수 있다. 하드 사이다는 사과 주스를 발효시켜 알코올 농도가 그렇게 높지 않은 사과주이고, 소프트 사이다는 발효시키지 않은 사과 주스 그대로를 말한다. 애플와인도 같은 사과주이지만 사과 주스에 설탕을 더 넣어 발효시킨 것으로, 알코올 농도가 와인 정도인 술이다.

우리가 왜 탄산음료를 '사이다'라고 부르게 되었는지 확실한 근거는 알 수 없지만, 옛날에 사과주를 이용하여 샴페인 같은 거품 나는 술을 많이 만들었는데, 이것이 일본에 소개되면서 일본 사람들이 톡톡 쏘는 음료를 '사이다'라고 부르게 되었다는 설이 설득력을 가지고 있다.

코냑, 샴페인 그리고 스카치

서양 술은 술 이름보다는 생산하는 지방 이름이 더 알려져 있어 우리를 헷갈리게 한다. 코냑(Cognac)이라면 모르는 사람이 없을 정도이지만 브랜디가 어떤 술인지 아는 사람은 그리 많지 않다.

브랜디는 과실주를 증류하여 오크통에서 숙성시킨 것으로, 주로 포도를 원료로 하는 브랜디가 주종을 이루고 있다. 그러니까 와인을 만드는 곳이면 어디서나 브랜디를 만들 수 있다. 브랜디 중에서는 프랑스 코냑 지방에서 생산되는 것이 가장 유명하다. 이 코냑이 세계 여러 나라로 수출됨에 따라 '코냑'이라는 이름이 브랜디의 대명사처럼 쓰이고 있다.

마찬가지로 샴페인(Champagne)은 프랑스의 샹파뉴(Champagne) 지방에서만 생산되는 거품 나는 술을 말한다. 영어식으로 발음하면 '샴페인'이지만 프랑스에서는 지방 이름 그대로 '샹파뉴'라고 한다. 와인을 다시 발효시켜 탄산가스를 병 속에 가득 차게 만든 샴페인은 샹파뉴 지방의 수도사가 처음으로 만들었다고 한다. 그래서 프랑스의 다른 지방이나 다른 나라에서 만든 거품 나는 와인에는 '샴페인'이라고 표기할 수 없게 되어 있다. 즉, 우리나라에서 만든 거품 나는 와인을 샴페인이라고 해서는 안 된다는 얘기다. 이 밖에도 '스카치'는 스코틀랜드의 위스키를, '버본'은 옥수수로 만든 미국의 위스키를 일컫는다.

이와 같이 술 이름이 생산되는 지방 이름으로 유명해진 술 가운데 세계적인 명주가 많다. 명주가 태어나는 지방의 풍토와 문화, 그리고 그곳의 전반적인 환경이 다른 곳보다 우위에 있을 때 그 명주는 맛과 멋을 자랑할 수 있게 된다.

위스키의 모든 것

증류주란?

우리의 소주를 비롯하여 중국의 고량주, 그리고 서양의 브랜디, 위스키, 진, 보드카 등 알코올 농도가 높은 술들은 모두 증류주에 속한다. 증류주란, 발효 과정을 거쳐서 만든 술 즉 양조주를 증류라는 과학적인 조작으로 알코올을 분리해 만든 고농도 알코올을 함유한 술을 말한다. 따라서 증류주를 만들려면 필히 그 전 단계인 양조주가 있어야 한다. 즉, 소주는 막걸리를 증류한 것이고, 브랜디는 와인을, 위스키·보드카·진 등은 보리와 같은 곡물로 만든 양조주를 증류한 것이다.

양조주란, 효모라는 미생물에 의해서 만들어진 술이다. 이 술은 발효가 진행되면서 알코올 농도가 어느 정도 높아지면 알코올을 만드는 효모 자체의 생육이 방해를 받기 때문에 알코올 농도는 어느 정도 이상은 높아질 수 없다. 보통 맥주가 3~8%, 와인은 8~14% 정도밖에 안 된다.

양조주를 가열하면 알코올의 끓는점(78℃)이 물의 끓는점(100℃)보다 낮기 때문에 알코올이 물보다 먼저 그리고 더 많은 양이 증발하게 된다. 이 증발하는 기체를 모아 적절한 방법으로 냉각시키면 다시 액체로 변하면서 본래의 양조주보다 알코올 농도가 높은 무색투명한 술을 얻을 수 있다. 이런 과정을 '증류'라고 하며, 증류에 의해서 만들어진 술을 '증류주'라고 한다.

Distillation(증류)의 'Distill'은 액이 한 방울씩 뚝뚝 떨어진다는 뜻이고, 'Still'은 증류 장치를 의미한다. 이 증류 장치는 인류 문명이 상당히 진전된 후에 출현한 과학의 산물이다. 소주나 위스키 등 증류주가 나오기 시작한 것도 비교적 최근의 일이다. 고대 이집트나 그리스 철학자들도 증류에 대해서 알고는 있었지만 증류에 의해 얻어진 것을 술로 소비하는 단계에까지는 이르지 못했다. 이집트에서는 숯을 만들면서 나무의 휘발성 성분을 모으는 데 이 증류 기술을 사용하기도 했고, 페르시아에서는 증류 기술을 이용하여 장미향을 얻어 내기도 했다. 그리고 고대 그리스의 철학자 아리스토텔레스가 바닷물을 증류하여 먹는 물을 얻을 수 있다고 주장한 것이 기록으로 남아 있다.

그러나 증류 장치가 본격적으로 사용된 것은 아라비아의 연금술사가 금을 만들려는 과정에서 비롯되었다. 알코올이란 단어도 아라비아 어 Koh'l(숯)에서 유래된 것으로, 원래는 눈썹 화장용 숯가루를 가리키는 말이었다. 양조주를 처음 증류할 때 이와 비슷한 과정으로 만들었다 해서 Al-kohl이라 부르게 된 것이 오늘날의 Alcohol의 어원이다. 당시에는 증류해서 얻은 액을 만병통치약으로 생각하고, '하나님의 힘', '인간의 노쇠에 활력을 주는 힘'이라 해서 "생명의 물"이라 불렀으며, 술이라기보다는 의약품으로 취급되었다. 그러나 증류 기술이 널리 퍼지면서 증류주의 원료인 양조주는 그 지방에서 구하기 쉬운 것을 사용하였다.

포도가 많이 나는 지방에서는 와인을 증류하여 '브랜디'를 만들었고, 곡류가 풍부한 곳에서는 보리로 만든 술을 증류하여 '위스키'나 '보드카'를 만들었으며, 사탕수수가 많은 곳에서는 사탕수수로 만든 술을 증류하여 '럼'이 나오게 되었다. 한편 동양에서는 고대 중국에서 증류주를 만들었다는 설이 있지만 현재까지 전해 내려온 것은 없고, 몽고족이 유럽을 지배하면서 그곳의 증류 기술이 동양에 유입된 뒤부터 증류 기술이 보편적으로 퍼지게 되었다고 보는 것이 일반적인 견해이다. 우리나라는 고려 말에 몽고에서 증류 기술이 들어와 소주를 만들기 시작하였다.

증류 장치는 상당 기간 원시적인 형태를 유지하다가 19세기에 이르러 과학이 발달하면서 연속식으로 바뀌게 되었다.

연속식은 편리하고 효율이 뛰어난 반면에 정해진 농도의 순수 알코올만 나오도록 되어 있어 원료 고유의 향이 손실된다는 단점이 있다. 그래서 오늘날에도 스카치위스키(Scotch whisky) 나 코냑 등 전통을 자랑하는 세계적인 명주는 구리로 만든 원시적인 증류 장치를 고수하고 있다. 우리나라의 희석식 소주 는 고구마나 당밀로 만든 술을 연속식으로 증류해서 얻은 95% 농도의 알코올에 물을 타서 만든 것이다.

술의 역사를 살펴보면 동서양을 막론하고 어떻게 하면 알코올 농도를 보다 더 높일 수 있을까 하고 노력한 흔적들을 볼 수 있는데, 이 증류법이 발견된 이후부터는 원하는 만큼 알코올 농도를 조절할 수 있어서 증류법의 발견은 양조 기술의 획기적인 사건임에 틀림이 없다. 이렇게 증류를 거쳐 만든 고농도의 술을 옛사람들은 신비스럽게 생각하여 정신, 영혼, 참뜻이란 뜻으로 '스피릿(Spirit)'이라 부르기도 했다.

세계 4위 위스키 수입국

주류 수입이 개방되면서 우리나라 사람이 가장 많이 마시는 수입 양주는 바로 위스키이다. 특히 스카치위스키는 본고장 영국인들도 깜짝 놀랄 정도로 엄청나게 많이 팔리고 있다. 지난 IMF 외환위기 직전에는 미국, 프랑스, 스페인, 일본에 이어 다섯 번째 수입 국가였으며, 고급 완제품의 수입도 연간 몇 퍼센트가 아닌 몇백 퍼센트씩 늘어나 국내 위스키 시장 규모는 거의 1조 원에 이르고 있다.

한동안 주춤하던 위스키 수요는 IMF가 지난 뒤 다시 늘어나기 시작, 2002년도 스카치위스키 수입액은 우리보다 국민소득이 훨씬 높은 일본을 앞질러 세계 4위가 되었다. 요즈음은 위스키 판매량과 주가지수가 비례한다는 신문 기사까지 나올 정도로 우리나라에서 가장 인기가 좋은 술이 되었다. 이처럼 우리에게 위스키가 사랑받게 된 데는 해방 후 미군 피엑스에서 흘러나온 위스키나 맛볼 수 있었던 귀한 술이 수입 개방 덕분(?)에 손쉽게 구입할 수 있게 되었고, 또 소주 마실 때처럼 앉은자리에서 몇 병씩 비워야 직성이 풀리는 우리네 음주 습관도 한몫을 했으며, 그리고 위스키는 수십 년 숙성시킨 고상한 기품과 향기를 지닌 세계적인 명주라는 동경 의식도 크게 작용했음을 부인할 수는 없다.

위스키의 정의

위스키는 곡물을 발효시켜 만든 양조주를 증류한 것이라 말할 수 있겠으나 완벽한 설명이라고 할 수는 없다. 왜냐하면 보드카나 진도 이와 똑같은 방법으로 만들기 때문이다.

다시 설명하자면 위스키란, 곡물을 발효시킨 양조주를 증류하여 얻은 무색투명한 술을 나무통에 넣어 오랫동안 숙성시킨 술을 말한다. 숙성 기간 중 나무통의 성분이 우러나와 술은 호박색으로 변하는 동시에 향미도 좋아져 훨씬 맛있는 술이 된다. 그러므로 위스키라면 반드시 나무통의 숙성 과정을 거쳐야 하고, 따라서 위스키 제조에서 나무통도 일종의 재료라고 할 수 있다. 스카치위스키의 법적 규정도 나무통에서 최소한 3년 이상을 숙성시켜야만 '위스키'라는 이름을 붙일 수 있게 되어 있다. 이에 비하여 진이나 보드카는 원칙적으로 통 숙성을 피한다. 그래서 위스키는 원래의 향취보다 나무통의 영향을 받는 민감한 술이라고 할 수 있다.

위스키 명산지

위스키는 세계 여러 나라에서 만들어지고 있다. 위스키의 원료인 곡물은 장거리 수송도, 장기간 비축도 가능하므로 원료의 생산이 빈약하거나 전혀 생산되지 않는 나라에서도 위스키 만드는 방법만 익히면 얼마든지 생산할 수 있다. 하지만 위스키는 양조와 증류, 숙성 기간을 통하여 풍토의 영향이 상당하므로 우수한 위스키가 생산되려면 무엇보다 풍토가 가장 중요한 조건이 된다.

세계 여러 나라에서 생산되는 위스키 중에는 스카치위스키가 첫손가락에 꼽히고, 그 다음이 아일랜드에서 고전적인 방법으로 만든 힘 있고 묵직한 위스키이다. 미국을 대표하는 버본위스키는 켄터키주 버본이 특산지이다.

미국의 위스키 산업이 1920년의 금주법으로 문을 닫게 되자 이웃 캐나다의 위스키가 미국으로 밀반출되면서 캐나다 위스키 산업이 빛을 보게 된다. 캐나다 자본으로 출발하여 현재 다국적 주류 기업이 된 '씨그램'이나 '하이램 워커'가 자리를 굳힌 것도 바로 이때였다. 캐나다는 양질의 보리가 많이 나오고 하천들이 깨끗해 위스키를 생산하기에 더없이 좋은 조건을 갖추고 있다. 따라서 그곳에서 생산되는 위스키도 경쾌하고 부드러운 맛이 특징이다. 이웃 일본도 일찍이 위스키를 만들어서 상당한 경쟁력을 갖추고 있다. 반면에 우리나라는 위스키 제조를 시도하기도 전에 수입 개방으로 스카치위스키가 물밀듯 밀려들어 오는 바람에 수입 원액을 블렌딩(혼합)하여 병에 넣는 정도에 그치고 있다.

위스키의 어원

영어 표기로는 'Whisky', 'Whiskey' 두 가지가 있다. 스코틀랜드와 캐나다는 '-ky'로 끝나고, 아일랜드와 미국은 '-key'로 끝난다. 이 차이는 세월이 지남에 따라 관습적으로 변한 것으로서 큰 의미는 없다. 연금술사들은 와인을 증류하여 만든 독한 술을 아쿠아비테(Aqua-Vitae : 라틴어로 생명의 물이라는 뜻)라고 불렀다. 이들의 증류 기술이 유럽 대륙에서 아일랜드를 거쳐 스코틀랜드로 전해지면서 각 지방별로 맥주를 증류하여 독한 술을 만들기 시작하였다. 이때부터 Aqua-Vitae를 켈트어로 직역해 위주베다(Uisage-Beatha)라고 불렀다. 이것이 위스키의 최초 명칭인데 언제부터 시작되었는지는 명확하지 않다. 이후 시대의 변천에 따라 위주보우(Uisagebaugh)로 되었다가 다시 앞부분만 따서 위스키(Usky)로 변했다. 이때부터 Whisky 또는 Whiskey로 불리면서 19세기 후반부터 영어권 나라에서는 이 두 가지 표기가 혼용되고 있다.

위스키 마시는 법

위스키를 마시는 데는 까다로운 규칙이 없다. 작은 잔에 따라서 그대로 마시거나(스트레이트), 얼음을 넣어 마시거나(온더락스, On the Rocks), 칵테일로 마시거나, 그냥 물을 타서 마신다. 위스키는 장기간 숙성으로 향이 진하게 배어 있어서 물을 타더라도 은은한 향이 쉽게 사라지지 않는다. 다만 오랜 기간 숙성시킨 고급 위스키를 폭탄주라는 이름으로 한순간에 날려 버리는 행동만 안 하면 된다.

"위스키가 독해서 맥주로 희석시켜 먹는데 왜 그러냐?"고 반문하는 사람도 있지만, 술의 가치란 마시는 사람의 인격에 따라 다르게 나타난다는 것쯤은 알아두는 게 좋겠다.

스카치 위스키

위스키의 원조

스카치위스키란, 영국의 북부 스코틀랜드 지방에서 생산되는 위스키를 말한다. 스코틀랜드는 우리나라 남한의 2/3 정도 면적에 인구 약 500만 명의 산악 지대이다. 스코틀랜드는 영국의 한 지방이라기보다 오랜 세월 독립된 왕국으로 지내왔기 때문에 민족이나 종교, 문화 등에 있어서 영국의 남부 지방과는 상당한 차이가 있고, 아직도 예전의 전통을 그대로 유지하고 있다. 일례로 누군가 스코틀랜드 사람에게 "당신은 영국 사람입니까?" 하고 물어보면, 대개는 기분 나쁘다는 투로 "No." 라는 대답이 돌아오고, 이어 스코틀랜드 사람이라고 확인 절

차를 밟는다.

우리가 지금 사용하는 '영국'의 어원은 옛날 영국의 4개 왕
국 즉 잉글랜드, 스코틀랜드, 웨일즈, 북아일랜드 중에서 가장
융성했던 잉글랜드를 우리식의 한자 독음 '영길리(英吉利)'라
고 표기한 데서 유래된 것이다. 그런즉, 잉글랜드는 우리말에
서는 영국을 뜻하지만, 영어로 표기할 때의 잉글랜드는 스코
틀랜드처럼 영국의 한 지방을 나타내는 말이다.

원래 이 섬나라에는 약 2,400년 전부터 유럽 대륙에서 목축
을 하던 켈트족이 건너와 살고 있었다. 나름대로 상당한 수준
의 문화를 갖고 있던 이들은 로마 사람들이 들어오기 전부터
맥주를 마시고 있었다고 전해진다. 로마의 지배를 벗어난 후
유럽 대륙에서 게르만족의 하나인 색슨족과 앵글족이 쳐들어
오자 대부분의 켈트족은 북부의 험한 산악 지대인 스코틀랜드
와 서부 산악 지방인 웨일즈, 그리고 또 다른 섬인 아일랜드로
이주를 하게 되었다. 이때부터 오랜 세월 동안 켈트족과 앵글
로색슨족은 계속 투쟁하면서 지내게 된다.

잉글랜드가 세계적인 강대국이 되면서 웨일즈, 스코틀랜드,
아일랜드를 합병했으나 서로의 독립성을 인정한다는 조건이
붙어 있어 지금도 월드컵 대회 때 보면 선수단을 따로 내보내
고 있다. 스코틀랜드 사람들은 아직까지도 고유의 언어와 풍
습을 유지하고 있고, 영국을 구성하는 4개의 연합 왕국 가운
데 하나이면서도 별개의 독립 국가처럼 인정받고 있다.

스카치위스키는 그 역사나 상표 등에 스코틀랜드의 기질

즉 켈트족 특유의 냄새를 짙게 풍기고 있으며, 스코틀랜드 사람들의 집념도 엿볼 수 있다. 지금도 '스카치'라는 단어는 스코틀랜드 사람을 뜻하기도 하지만 스카치위스키를 가리키는 말로도 쓰인다. 그리스와 로마의 라틴 문화가 와인과 브랜디를 만들었다면, 위스키는 켈트 문화가 독창적으로 만들어 낸 술이라고 할 수 있다.

스카치위스키의 유래

스카치위스키가 언제부터 만들어졌는지는 확실치 않지만, 스카치위스키에 대한 기록 가운데 가장 오래된 것은 1172년 영국 왕 헨리 2세가 아일랜드를 정복했을 당시 아일랜드 사람들이 증류한 술을 "생명의 물"이라며 마시고 있었다는 기록이다. 그 후 1494년에 작성된 스코틀랜드 정부 문서에서 "아쿠아비테(생명의 물)를 만들기 위해 맥아를 수도사 존 코어에게 주었다."는 기록이 발견되었다. 그 다음으로는 개인 소유의 증류 공장에 관한 기록 등이 많은 것으로 보아 이때부터 본격적으로 증류가 시작되었다고 볼 수 있다. 당시의 위스키는 증류한 직후 바로 마셨기 때문에 소주와 같이 무색투명한, 스코틀랜드 사람들의 지방 토속주의 형태로 18세기까지 계속 이어졌다.

18세기 초 스코틀랜드가 잉글랜드에 합병되면서 맥아세(麥芽稅) 등 잉글랜드식 세금 부과 방식이 적용되고 세금도 많이 오르게 되자 맥아의 사용량을 줄이고 다른 곡류를 혼합하기 시작하였으며, 영세업자들은 하일랜드(Highland) 산간 지방에 숨어서 맥아만으로 위스키를 만들었다. 연료가 부족하게 되자 이들은 석탄의 일종인 피트(Peat: 토탄)를 사용하였고, 용기의 사용도 쉽지 않아 셰리(스페인 원산인 화이트와인의 한 가지로, 노란 빛을 띤 갈색이며 알코올 성분과 향미가 강함)를 담았던 오크통을 이용하였다. 게다가 매매도 터놓고 할 수도 없어 산속의 작은 집에 술을 숨겨 놓고 얼마간 묵힐 수밖에 없었다. 이러한 궁여지책이 되레 위스키의 풍미를 향상시켰음을 나중에 발견하고는 이때부터 위스키를 만들 때는 피트를 사용하고 나무통에서 장기간 숙성시켰다. 1823년 하일랜드의 지주이자 상원 의원인 알렉산더 고든은 밀주를 양성화하기 위해 소규모 증류업소에서 싼 세금으로 위스키를 만들 수 있도록 새로운 조세안을 제안, 이것이 통과되어 새 위스키법이 공포되기에 이르렀다. 이때의 면허 1호가 조지 스미스의 글렌리벳(Glenlivet)이다.

이어서 1826년에 로버트 스타인이 연속식 증류기를 발명하고, 1831년에는 아일랜드 더블린에서 에어니스 코페이가 다시 증류기를 개량하여 특허(Patent)를 획득했는데, 이것을 페이턴트 스틸(Patent Still)이라 부르고 종래의 증류기를 포트 스틸(Pot Still)이라 부르게 되었다. 이 연속식 증류 장치의 출현으로 19세기 중엽부터는 옥수수를 주원료로 한 그레인위스키(Grain Whisky)를 대량 생산하게 되었으며, 이후 보리만 사용하여 만든 몰트위스키(Malt Whisky), 그리고 이 둘을 혼합한 블렌디드 위스키(Blended Whisky)가 출현하게 되었다.

이때부터 위스키는 영국 전역에 퍼지게 되었으며 런던의 상류층에서도 즐겨 마시게 되었다. 당시 런던의 상류층은 프랑스의 브랜디를 수입해 마시고 있었는데, 마침 프랑스의 포도밭이 필록세라(Phylloxera : 포도나무뿌리진디) 때문에 초토화되어 코냑의 수입이 어렵게 되자 위스키를 마시기 시작했던 것이다. 이에 발맞춰 위스키 업자들은 기업 규모로 생산 체계를 갖추고 미국을 시발점으로 세계 각국에 위스키를 수출하기 시작했다.

흔히 마시는 블렌디드 위스키

위스키는 보리로만 만든다고 알려져 있지만 꼭 그렇지만은 않다. 먼저 겉보리를 물속에 침지(浸漬)시켜 맥주를 만들 때와 마찬가지로 맥아를 만들고 이것을 건조시키는데, 이때 피트와 코크스를 혼합한 연료를 연소시켜 나오는 연기를 열풍과 함께 불어넣어 맥아에 피트 냄새를 배게 만든다. 그리고 나서 맥아를 빻아서 온수를 가해 당화시킨 다음, 맥주 효모를 넣어 발효시키면 7~8%의 알코올을 가진 호프 없는 맥주가 된다. 이 술을 원시적인 단식 증류기로 알코올 60~65%의 술로 만들어 오크통 속에서 3년 이상 숙성시키는데, 이 술을 '몰트위스키'라고 하며 풍미는 피트 냄새가 강하고 묵직한 맛을 낸다.

그리고 옥수수나 밀 등 곡류를 맥아로 당화시켜 술을 만든 다음 연속식 증류기로 증류한 것을 '그레인위스키'라고 한다. 이 술은 순수 알코올에 가까운 무덤덤한 맛이다.

또한 우리가 흔히 마시는 위스키는 위의 두 가지를 섞은 '블렌디드 위스키'이며, 그 혼합 비율에 따라 여러 가지 맛이 나온다.

스카치위스키 유명메이커

발렌타인(Ballantine's) – George Ballentine & Son Ltd.

발렌타인은 우리나라에서 가장 인기 있는 위스키로서 최근에는 한국인을 위한 제품을 따로 내놓을 정도로 우리나라에서 많이 팔리고 있다. 이 발렌타인을 젊은 여성이 좋아하는 남성에게 사랑을 고백하는 날 발렌타인 데이(Valentine's Day)와 연관을 짓기도 하는데 전혀 다른 말이다.

이 회사는 1827년에 농부 조지 발렌타인이 에딘버러에 세운 식료품점에서 그 이름이 유래되었다. 처음에는 위스키를 취급하지 않다가 1872년에 아들이 글라스고우에 지점을 설치하면서 위스키를 팔기 시작하였다. 그는 독자적으로 위스키를 블렌딩하여 통 속에서 일 년 동안의 숙성 기간을 거친 후 판매하였으며, 1895년에는 빅토리아 여왕에게서 위스키 공급 허가권도 획득하였다. 미국의 금주령 당시에도 수출 계획을 세울 정도의 활발한 판촉으로 세계적인 베스트셀러가 되었다.

시바스 리갈(CHIVAS REGAL) - Chivas Brothers Ltd.

우리나라에서 가장 많이 알려진 스카치위스키는 시바스 리갈이다. 시바스 리갈이란, 시바스 가문의 왕이라는 뜻이다. 시바스 리갈의 원숙한 맛은 팬들로부터 '스카치의 왕자'라는 평을 받고 있다. '로얄 살루트(Royal Salute)'는 현 영국 여왕 엘리자베스 2세가 즉위하던 1953년에 발매된 것으로, 국왕을 영접할 때 사용하던 21발의 예포를 기념하여 21년 숙성시킨 제품을 도자기로 된 병에 넣어서 판매하였다. 2003년에는 엘리자베스 여왕 즉위 50주년 기념으로 50년 숙성시킨 위스키를 한정 판매하여 화제를 낳기도 하였다.

커티 샥(CUTTY SARK) - Berry Bros, & Rudd Ltd.

커티 샥(Cutty Sark)이란, 켈트어로 '짧은 셔츠'라는 뜻이다. 1919년부터 미국의 금주법이 위세를 떨치자 스카치위스키의 수출은 부진을 겪게 된다. 이때 베리브라더스 앤 루드(Berry Brothers & Rudd)사는 미국의 금주법이 조만간 해제될 것으로 예상하고는 금주법 해제 후의 미국 시장을 겨냥하여 그들의 취향에 맞게 신제품 개발에 박차를 가한다.

새로 개발된 술에는 당시 범선의 이름이던 '커티 샥'이라는 이름이 붙여졌다. 커티 샥은 스코틀랜드의 시인 로버트 번스의 시에 등장하는 '마녀의 속옷'을 가리키는 말이다. 범선 커티 샥의 뱃머리에는 이 마녀의 속옷 모양이 구원의 표시로서 장식되어 있는데, 배의 안전을 지켜 주는 상징으로 사용되고

있다. 커티 샥은 라이트 스카치위스키의 대표적인 것으로, 맛
뿐만이 아니라 색깔도 옅다.

글렌피딕(Glenfiddich) - William Grants & Sons Ltd.
　켈트어로 '사슴이 있는 계곡'이란 뜻의 글렌피딕은 산뜻하
고 남성적인 맛을 풍기면서도 부드러운 것이 특징이다. 현재
몰트위스키로는 매출 실적이 가장 좋으며, 전 세계 면세점의
인기 상품 코너를 장식하고 있다. 삼각형의 녹색으로 되어 있
는 병이 특징이다.

글렌파클라스(Glenfarclas) - J & G. Grant
　켈트어로 '녹색의 풀이 무성한 계곡'이란 뜻에서 이름이 유
래되었다. 1836년에 로버트 페이가 설립하고 1865년에 존 그
랜트가 매수, 현재까지 그랜트가(家)에서 운영하고 있다. 현대
적인 증류 방법을 사용하지 않고 전통적인 증류 방법을 고수
하는 것으로 유명하다. 셰리를 담았던 통에서 숙성시키므로
향미가 진하고 피트 향도 강하다. 그랜트가 사람들은 위스키
는 8년이 지나야 완성되고, 15년째가 가장 맛이 원숙하며, 그
보다 더 오래된 것은 예술의 경지에 이른다고 자랑스레 말하
고 있다.

헤이그(HIAG) - John Haig & Co., Ltd.
　스카치위스키 회사 중 가장 오랜 역사를 지니고 있으며, 스

카치위스키 업계에서도 리더로서 활약하고 있는 회사이다. 헤이그가(家)는 12세기 노르망디 지방에서 영국으로 들어온 기사 중 한 사람이 스코틀랜드에서 정착하면서 그 역사가 시작된다. 이때부터 이 집안은 위스키 제조 방법을 계승하여 4대 후손인 헤이그 때에 이르러 위스키 업자로서 그 명성이 널리 알려지게 된다.

존 헤이그는 1751년에 증류업자인 존 스타인의 딸 마가레트와 결혼하는데, 그의 처가에는 후에 연속식 증류 장치를 발명한 로버트 스타인이 있다. 그러나 연속식 증류기로 그레인위스키를 생산하는 업체가 난립하면서 생산 과잉에 이르게 되자 존 헤이그는 로울랜드(Lowland)의 그레인위스키 업자들과 D.C.L. (Distillers Company Limited)을 설립, 조업 관리하면서 생산을 안정시켰다. 또 가족들이 경영하는 증류 공장들을 결속시켜 '존 헤이그'라는 회사를 만들어 블렌디드 위스키 업계에도 뛰어들었다. 이후 D.C.L.은 거대한 조직으로 발전하여 1925년에는 헤이그, 블랙앤화이트, 화이트라벨, 조니워커, 화이트호스 등을 거느린 영국에서 가장 큰 주류 기업이 되었다.

제이 앤 비 (J & B) – Justerini & Brooks Ltd.

이 회사는 1749년 쟈코모 저스테리니란 이탈리아 청년이 오페라 가수인 애인의 런던 공연에 동행하면서 시작된다. 영국에 갈 때 그는 이탈리아에서 미리 술 만드는 방법을 적어 가지고 갔다. 런던에서 장기간 체류하게 되자 그는 무용단장인 사무엘 존슨과 합작, '존슨 앤 저스테리니'란 회사를 차렸다. 이 회사는 사업이 잘되어 조지 3세 때는 왕실 납품처로 지정되기까지 하였다. 1760년에 저스테리니는 회사를 존슨에게 매각하고 이탈리아로 돌아갔으며, 회사는 존슨의 후계자에 의해 운영되다가 1831년에 알프레드 브룩스에게 매각되어 회사명이 현재의 '저스테리니 앤 브룩스'가 되었다. 1880년대에는 블렌디드 스카치위스키를 제조·판매했고, 금주법 해제 후에는 J&B라는 이름으로 미국에 진출하여 인기를 얻었다. 제2차 세계대전 후 세계적으로 인기 있는 술이 되었다.

조니워커(Johnnie Walker) - John Walker & Sons Ltd.
우리나라에서 양주의 대명사로 알려진 조니워커는 시바스 리갈보다 먼저 일반인들에게 알려지기 시작했다. 이 술의 역사는 1820년에 스코틀랜드의 킬마낙 지방에서 존 워커가 잡화점을 매입하여 술을 판매하면서 시작된다. 1908년에 존 워커의 손자는 할아버지의 애칭을 새로운 위스키의 이름으로 사용하고 미술가에게 의뢰하여 신제품의 심벌마크도 만들었다. 실크해트를 비스듬히 쓰고 지팡이를 들고 씩씩하게 걷는 멋쟁이 신사의 모습으로 그려진 이 심벌마크는 쾌활한 사업가의 이미지로 받아들여져 전 세계 사업가들이 즐겨 마시게 되었다. 이 위스키는 하일랜드 몰트를 중심으로 약 40여 종의 몰트와 그레인을 블렌딩한다.

맥켈란(MACALLAN) - Macallan-Glenlivet p/c.

몰트위스키의 주산지인 스페이 강 지류에 증류 공장이 있다. 1824년에 세워진 이 증류 공장은 설립 이전 밀주 시대부터 위스키를 증류하고 있었다. 글렌리벳에 이어 두 번째로 공인 면허를 취득하였으며, 면허 취득 연도를 정식 창업 연도로 삼고 있다. 맥켈란 몰트의 특징은 전부 셰리통에서 숙성시킨다는 점이다. 셰리도 피노(Fino), 아몬틸라도(Amontillado)부터 크림셰리(Cream Sherry)를 담았던 통까지 광범위하게 사용하고 있으며, 특히 올로로소(Oloroso)를 담았던 통까지 구하고 있다. 또 캐러멜에 의한 착색은 일체 피하고 있다. 풍미는 중후한 편이며 숙성에 의한 조화된 향미를 풍기고 있다. 하일랜드 몰트 제품 중 가장 우수한 위스키의 하나로 정평이 나 있다. 맥켈란은 8년 이상 숙성시키지 않은 것은 시장에 내놓지도 않는다.

올드파(Old Parr) - Macdonald Greenless Ltd.

19세기 말, 알렉산더 맥도날드사와 그린리스 브라더스사가 합병하여 탄생한 회사이다. 술 이름은 152세까지 장수한 농부 토마스 파의 이름에서 따온 것이다. 토마스 파는 80세에 결혼해 1남 1녀를 두었으며 122세 때 재혼했다. 그가 사망하자 찰스 1세는 웨스트민스터 사원 내 시인 묘지에 그를 묻어 주었다. 지금도 이 사원에는 그의 묘비가 남아 있다. 상표에 있는 그의 초상화는 거장 루벤스의 작품이다.

아이리쉬위스키

아일랜드는 위스키의 발생지로 알려져 있다. 1172년 잉글랜드의 헨리 2세가 이 섬을 정복했을 당시 이 섬에서는 증류한 독한 술을 마시고 있었다는 기록이 남아 있다. 이 기록이 위스키에 관련된 가장 오래된 문헌이며, 당시 다른 지방에서 증류가 이루어졌다는 흔적은 현재까지 발견되지 않고 있다. 증류 기술은 연금술사가 유럽 대륙에 퍼뜨리고, 그 기술이 바다를 건너 아일랜드에 전달되어 아이리쉬위스키가 태어났으며, 이 위스키가 또 바다를 건너 스코틀랜드에 상륙했을 것으로 추측된다.

아이리쉬위스키는 묵직하고 강한 전통적인 맛을 가지고 있다. 원료도 주로 맥아와 보리만 사용하고 전통적인 증류 방법을 고집하며 통에서 장기간 숙성시킨다. 아일랜드 공화국에서는 다음과 같이 자부심을 가지고 아이리쉬위스키를 설명하고 있다.

①아일랜드산 보리를 사용한다. ②맥아와 보리만을 사용한다. ③아일랜드의 물은 연질로서 위스키 양조에는 최적이다. ④3회 증류를 하여 불순물을 제거, 고농도의 알코올을 얻는다. ⑤증류 기술은 전통적이고 고전적인 방법을 계승하고 있다. ⑥ 증류한 위스키는 셰리통에 넣어서 숙성시키며, 평균 숙성 기간은 7년이고, 10~12년 숙성시킨 명주도 있다.

그러나 1970년대부터는 외국 수출용으로 위스키를 제조하면서부터 아이리쉬위스키도 풍미가 많이 변하고 있다. 현재는 옥수수를 조금씩 사용하고, 연속식 증류 장치를 이용한 위스키를 블렌딩하고 있다. 따라서 아이리쉬위스키도 두 가지 타입이 생기게 되었다. 즉, 아일랜드에서 소비되는 중후한 맛의 위스키와 수출용으로 만드는 경쾌하고 온화한 풍미의 위스키로 구분된다. 현재 우리나라에 수입되고 있는 것도 거의 수출용의 라이트 타입이다.

미국 위스키

식민지 시대 미국에서는 맥주나 와인 같은 저알코올 음료의 양조만 허용되고 증류주의 제조는 심한 압력을 받았다. 초기 유럽에서 이민 온 사람들이 서인도제도에서 사탕수수를 원료로 만든 술을 증류한 럼(Rum)을 만들기 시작했으며, 곡물을 원료로 증류주를 만든 것은 18세기 후반부터이다. 미국의 초대 대통령 워싱턴도 위스키를 제조해 생계를 꾸렸다는 이야기도 있다.

초기의 위스키는 라이보리(호밀)를 원료로 만들기 시작했다. 옥수수를 원료로 위스키가 만들어진 시기는 미국 독립전쟁 후 정부가 경제 사정상 위스키에 대한 세금을 과중하게 부과하자 이에 반발한 스코틀랜드계 아일랜드인 에반 윌리암스가 켄터키주로 이주한 뒤부터이다. 1783년에 그가 보리에 옥수수를 넣어서 만든 것이 옥수수 위스키의 시초로 기록되고 있다. 그러나 일반적으로는 1789년 켄터키주에서 목사인 엘리저 크레그가 처음 시도한 것으로 알려져 있다.

이때부터 옥수수로 만든 위스키가 버본위스키라는 꽃을 피우게 되는데, 마침 1789년은 조지 워싱턴이 미국의 초대 대통령으로 취임한 해여서 버본위스키는 미국의 역사와 함께 출발한 술이라고 할 수 있다. 버본위스키(Bourbon Whiskey)라는 명칭은 이 술의 특산지인 켄터키주 버본의 지명에서 따온 것으로, 1850년부터 사람들 사이에서 부르게 되었다. 프랑스에서 이민 온 사람들이 부르봉(Vourbon) 왕조를 생각한 데서 유래된 것이다. 버본은 영국의 스카치처럼 미국 위스키의 대명사가 되었으며, 개성 있는 위스키로 해외에서도 인기를 얻고 있다.

1920년부터 시작된 금주법 시대의 위스키 산업은 정부에서 허가한 7개의 증류 공장에서만 약용 알코올로 생산하면서 겨우 명맥을 유지, 거의 황폐화되었으나 금주법 해제 후 미국 위스키는 근대 기술을 이용하여 고속 성장을 하였다. 현재 미국은 위스키의 최대 생산국이자 소비국이요 수입국이 되었으며, 옥수수로 만든 버본위스키와 라이보리로 만든 라이위스키, 그리고 이 둘을 중심으로 한 블렌디드 위스키가 주종을 이룬다.

브랜디와 코냑

코냑과 브랜디의 차이

코냑이라는 술을 모르는 사람은 별로 없지만, 브랜디가 어떤 술인지 아는 사람은 의외로 많지 않다. 코냑은 프랑스 코냑 지방에서 생산되는 브랜디를 말하는 것으로, 우리에게는 '브랜디'라는 이름보다 '코냑'이라는 이름이 더 잘 알려져 있다. 이 점에 대해서는 서양 사람들도 마찬가지로 혼동을 하는 모양인지 다음과 같은 얘기도 있다.

"All brandy is not cognac, but all cognac is brandy."

(모든 브랜디가 코냑은 아니지만, 코냑은 모두 브랜디이다.)

똑같은 발포성 와인이라 하더라도 프랑스의 샹파뉴 지방에서 생산되는 것만 '샴페인'이라 부를 수 있다는 이치와 같다.

스페인의 '셰리'나 포르투갈의 '포트'는 그 지방을 대표하는 유명한 와인으로서 세계 여러 나라에서도 셰리와 포트를 만들고 그 명칭도 자유롭게 사용·판매하고 있는 반면에 프랑스의 샴페인이나 코냑은 다른 지방이나 다른 나라에서 그 명칭을 사용할 수 없게 되어 있다. 이는 프랑스 사람들이 일찍이 품질 관리에 눈을 뜨고 명주가 생산되는 지방의 풍토를 중요시하면서 그 명성을 유지·보호하려는 노력의 결과라고 할 수 있다.

브랜디는 술의 제왕

브랜디는 과일의 발효액을 증류시킨 것으로, 원료에 따라서 포도브랜디(Grape Brandy), 사과브랜디(Apple Brandy), 체리브랜디(Cherry Brandy) 등으로 부른다. 그중에서 포도브랜디가 질도 우수하고 가장 많이 생산되기 때문에 일반적으로 브랜디 하면 포도를 원료로 한 포도브랜디를 말한다.

위스키가 맥주를 증류시킨 것이라면, 브랜디는 와인을 증류시킨 것이라고 할 수 있다. 이와 같이 브랜디는 와인의 품성을 그대로 농축시킨 것에다 오랜 숙성 기간 동안 오크통에서 우러나오는 원숙한 향을 더한 것으로, '술의 제왕'이라는 표현이 조금도 지나치지 않다. 맥주에 비하여 와인이 비싼 것처럼 브랜디 역시 위스키보다 값이 비싸다. 서양의 여러 종류의 술 중에서 가장 비싼 값으로 팔리고 있다. 따라서 대개 브랜디는 식사 코스가 완전히 끝난 후에 한 잔 정도로 마시는 것이 보통이며, 다른 증류주와는 달리 칵테일용으로도 많이 쓰이지 않는다. 브랜디 글라스는 와인글라스처럼 튤립 모양이지만 입구가 더 좁고 배도 더 부른 모양을 하고 있어, 고귀한 향이 글라스 밖으로 빠져나가지 않고 글라스 안에서 서서히 휘감아 돌도록 되어 있다. 마실 때도 두 손으로 글라스를 감싸듯이 잡으면서 충분히 향을 음미한 다음, 조심스럽게 입에 넣고 굴리듯이 마신다.

브랜디의 명산지

브랜디는 포도가 생산되는 곳이면 어디서나 만들 수 있다. 와인으로 유명한 프랑스·이탈리아·스페인 등지에서 와인을 증류하여 브랜디를 만들고 있지만 프랑스를 제외한 다른 나라에서는 브랜디라기보다는 알코올을 얻기 위해 와인을 증류하는 정도였다. 그에 반해 프랑스는 일찍이 브랜디의 가치에 눈을 뜨고 이를 수출하면서 세계적인 명성을 얻게 되었다.

프랑스의 브랜디는 거론할 필요도 없이 코냑(Cognac) 지방의 것을 최고로 치고 있고, 최근에는 아르마냑(Armagnac) 지방의 브랜디도 우수한 품질로 그 명성을 날리고 있다. 사과주를 증류해 만든 칼바도스(Calvados) 역시 프랑스의 명주로 꼽히고 있다. 프랑스는 예술과 향수, 유행의 나라로 유명하지만, 와인과 샴페인, 코냑 등 세계적인 명주를 만드는 나라로도 유명하다. 금세기 들어 와인을 생산하는 여러 나라에서 브랜디를 생산하고 있으나 코냑과 아르마냑의 명성에 가려 세계시장에 진출하는 예는 극히 드물고, 주로 자기네 나라에서 소비되는 경우가 대부분이다.

나폴레옹과 브랜디

프랑스에서는 코냑을 비롯한 브랜디에 '나폴레옹'이라는 명칭을 사용하는 경우가 많다. 업체마다 비교적 고급품이라는 표시로 사용하지만 꼭 최고의 제품을 의미하는 것은 아니다. 물론 나폴레옹은 우리에게 잘 알려진 보나파르트 나폴레옹이다. 이 명칭을 사용하는 데는 다음과 같은 이야기가 전해진다.

나폴레옹의 부인 조세핀이 아이를 낳지 못하자 나폴레옹은 조카를 양자로 들였으나 조카는 그만 일찍 죽고 말았다. 1810년 4월 나폴레옹은 오스트리아 왕녀인 마리아 루이스와 재혼하고 1811년 3월 그토록 바라던 아들을 얻었는데, 그해 혜성이 자주 출몰하였다. 혜성이 자주 나타나면 풍년이 든다는 전설을 증명이라도 하듯 그해 포도 농사는 대풍년이었고 그때 만든 브랜디도 최상의 품질이었다. 그때부터 각 업자들은 황태자의 탄생과 풍년을 기념하는 뜻에서 나폴레옹을 상표에 표시하기 시작했으며, 현재도 생산 업자들은 비교적 자신 있는 제품에 나폴레옹이라는 명칭을 붙이고 있다.

유명한 코냑 메이커인 쿠르부아지에(Courvoisier)는 1790년 와인 상인 쿠르부아지에가 창설했다. 그는 나폴레옹과의 친분을 이용해 심벌마크로 나폴레옹이라는 이름을 사용하기 시작했다. 그는 나폴레옹이 귀양 갈 때도 이 코냑을 가지고 갔다고 한다. 1805년 나폴레옹이 진지 순찰을 하던 중 한 병사가 물통에 들어 있는 술을 전우에게 주는 것을 목격하고, 나폴레옹이 물어보자 "이 술은 쿠르부아지에 집안에서 만든 브랜디로 나폴레옹이라는 이름이 붙어 있다."고 대답, 나폴레옹이 그 술을 마셔 보고 자기 이름에 손색이 없는 술이라고 칭찬했다는 이야기도 있다.

카뮈(Camus)는 1963년 '카뮈 나폴레옹'이란 술을 개발하여 나폴레옹 탄생 200주년이 되는 1969년 출하, 세계시장에서 인기를 모아 나폴레옹 하면 카뮈라고 할 정도로 정평이 나 있는 술이다.

이렇게 업체들마다 앞 다투어 나폴레옹이란 표시를 강조하고 있지만, 프랑스에서는 나폴레옹에 대한 인식이 썩 좋지는 않다. 시민들이 피를 흘려서 이룩한 혁명의 열매를 자유, 평등, 박애라는 이름을 빌려 그가 독차지하려 했기 때문이다. 그렇지만 외국에서는 나폴레옹이 영웅으로 비쳐지고 있어 프랑스 메이커는 외국인에게 판매하기 위한 상업적 전략으로 나폴레옹이란 명칭을 지금도 사용하고 있다.

칼바도스

사과로 만든 브랜디인 칼바도스는 노르망디 상륙 작전으로 유명한 노르망디 지방에 있는 칼바도스의 특산주이다. 그러나 이 지방에서 생산되는 사과로 만든 브랜디를 전부 칼바도스라고 부르지는 않고 코냑 지방의 코냑처럼 지역 경계, 제조 방법 등에 있어서 원산지법의 통제를 받아 생산되는 것만 칼바도스라고 한다. 그 외의 것은 오드비 드 시드르(Eaux de vie cidre)라고 한다. 칼바도스란 명칭은 1588년 스페인 무적함대 엘 칼바도르(El Calvador)가 영국 해군과 교전하다가 노르망디 앞바다에서 좌초되면서 생긴 이름이다. 이 지방은 16세기부터 사과를 재배했으며 증류는 16세기 말부터 시작했다고 한다.

칼바도스는 사과주(Cidre)를 먼저 만든 다음, 이것을 단식 증류기(Pot Still)로 두 차례 증류한다. 코냑과 거의 동일한 방법을 거치는데, 숙성 기간은 3~25년이다. 법률적으로 쓰리스타(★★★)와 쓰리애플(🍎🍎🍎)은 최소 2년, 뷔에(Vieux)와 레세르브(Reserve)는 3년, 베리 올드(Very Old)와 뷔에 레세르브(Vieille Reserve)는 4년, V.S.O.P.는 5년 이상으로 정해져 있다.

칼바도스의 명산지는 발레 도주(Vallée d'Auge)이고, 이곳에서 생산되는 브랜디는 단식 증류 장치를 사용해야 하며, 칼바도스의 A.O.C.(원산지 명칭 통제)가 붙는다. 즉, 상표에 '아펠라시옹 칼바도스 드 페이 도주 콩트롤레(Appellation Calvados de Pays d'Auge Contrôllée)'라고 표기한다. 주변 10개 지역에서 생산되는 것은 따로 1941년에 A.O.C. 지구로 선정되면서 단식 증류와 연속식 증류가 허용되고, 상표에 '칼바도스'라는 표기를 하고 있다. 이외의 지역은 '오드비 드 시드르'라는 문구가 들어가 있고 증류 방법도 연속식 증류만 허가되고 있다

코냑 히스토리

별 볼일 없는 코냑의 와인

코냑 지방은 와인의 명산지인 보르도의 바로 북쪽에 위치해 있지만, 보르도와는 달리 이곳에서 생산되는 와인의 질은 형편없었다. 그래서 옛날부터 싼 맛에 네덜란드나 영국 상인들이 사 가는 정도였는데, 증류를 시작한 뒤부터는 브랜디로 각광받기 시작하였다.

이곳에서 생산되는 포도로 와인을 만들면 산이 많고 알코올 농도가 낮은 와인이 된다. 그런데 이것을 증류하면 와인의 산이 알코올과 반응하여 브랜디의 방향 성분인 에스테르를 만들게 되고, 와인의 향이 농축되어 더욱 품질 좋은 브랜디를 만들 수 있게 된다.

이와 같이 와인 생산지로서는 부적합한 코냑 지방이 세계적으로 유명한 브랜디를 생산하게 된 데는 그 역사적 배경과 지리적 조건 등 주변 여건도 작용하였지만 무엇보다도 이 지방 사람들의 예리한 통찰력과 판단력이 가장 큰 몫을 했다고 볼 수 있다. 주어진 여건을 최대한 활용하여 명주를 만드는 이들의 정성과 열의는 21세기를 살아가는 우리도 마땅히 배워야 할 점이다.

와인을 증류한 것은 만병통치약

유럽 대륙에 연금술이 전파된 동기는 8세기경 이슬람교도의 스페인 침입에서 비롯된 것으로 전해진다. 유럽의 몇몇 곳에서 이 연금술에 의한 증류 기술을 사용하여 와인을 증류한 흔적 가운데 가장 확실한 것은 13세기경 연금술사 빌라 노바(Arnold de Villa Nova 혹은 Arnoldus Villanovanus)와 그의 제자 룰리(Raymond Lully)에 의해 최초로 와인 증류를 시작했다는 기록이다.

빌라 노바는 스페인에서 태어나 시칠리아에서 교육을 받았다. 당시 이 두 지역 모두 이슬람교도의 지배권에 있었는데 그역시 이 영향력의 지배를 받았다. 그는 연금술과 의학, 천문학등을 가르치기 위해 프랑스의 아비뇽과 몽페리에서 활동을 시작하였다. 그 당시 아랍인들은 증류 기술을 향료 추출에만 사용하고 와인 증류는 금지하고 있었다. 그러나 빌라 노바는 아랍의 영향권을 벗어나 프랑스에 정착하고 있어서 와인을 증류할 수 있었던 것이다. 그는 와인을 증류하여 얻은 액을 만병통치약으로 여겼다.

한편 그의 제자 룰리는 스승의 증류 기술을 더욱 발전시켰으며, 이 신비한 액체를 '하느님의 힘'이라 생각하고 옛날부터 숨겨진 명약으로서 인간의 노쇠에 새로운 활력을 주는 '생명의 물(Eaux de Vie)'이라 믿었다. 이어 그는 이 생명의 물에 '알코올'이란 단어를 처음 사용하였다. 아랍어의 Koh'l(눈썹을 그리는 데 사용하는 가루)에 관사 Al을 붙여서 Al Kohl이 되었으며 이것이 오늘날의 Alcohol로 발전하였다.

룰리의 와인 증류 기술은 프랑스를 비롯하여 유럽 전역에 빠른 속도로 퍼져 나갔으며, 만병통치약 특히 젊음과 미를 보전하는 약으로서의 가치와, 와인의 부피를 줄이고 운송량을 줄일 수 있다는 경제적 가치 때문에 증류 기술은 일반화되기 시작하였다.

코냑의 유래

프랑스에서 와인의 증류가 보편화된 것은 15세기 무렵이지만, 코냑에서 와인의 증류가 시작된 시기는 17세기에 들어와서이다. 코냑 지방에서는 13세기부터 북유럽의 상인들이 소금과 밀을 배로 운송하면서 빈자리가 있으면 이 지방에서 생산되는 화이트와인을 실어 가는 정도로 거래가 이루어지고 있었다. 그러던 1666년, 루이 14세의 재무장관인 콜베르(Jean Baptiste Colbert)가 이곳에서 잉글랜드와 네덜란드 선박을 살펴보고는 남대서양 연안을 보호하고자 로슈포르(Rochefort)에 해군 기지와 조선소를 건설하기로 결정한다. 이어서 그는 새로운 배를 만들 수 있는 목재를 공급하기 위해 코냑 지방 동쪽에 거대한 오크나무 숲을 가꾸고 목재를 비축하기 시작한다. 이 숲이 유명한 리무쟁(Limousin)이며, 머지않은 장래 코냑이라는 명주를 탄생시키는 결정적인 여건이 된다.

코냑 지방은 이미 1630년대 초부터 와인의 세금 부과 방식이 오크통을 기준으로 바뀌게 되자 세금을 적게 내기 위해 증류를 시작하였다. 덕분에 네덜란드와 잉글랜드 상인들은 화물 부피가 줄어들게 되고, 또 오랜 항해 기간에도 와인이 변질되지 않아 무척 반겼다. 본국에 도착한 후 이들은 물을 타서 제 농도로 만들어 팔다가 점점 독한 술 그대로 팔기 시작하였고, 코냑 지방에서도 두 번씩 증류하여 70% 정도의 고농도 알코올로 수출하였다.

지금의 브랜디(Brandy)라는 명칭도 이 시대에 생긴 것이다. 네덜란드 사람들은 이 술을 모국어로 브랜더위진(Brandewijin, 타는 와인)이라고 불렀으며, 이 말이 그대로 런던으로 전달되어 브랜디와인(Brandywine)이 되고, 후에 브랜디로 줄여서 부르게 되었다.

코냑이 숙성 과정에서 나무통과 접촉하여 맛이 부드러워지고 색깔도 변하고 향도 좋아진다는 사실을 깨달은 것은 18세기 말엽이었다. 콜베르 장관이 100여 년 전에 준비해 둔 리무쟁 오크는 이때부터 코냑에는 없어서는 안 될 매우 중요한 존재가 되었다.

리무쟁 오크는 나뭇결의 간격이 넓고 타닌 함량이 많아서 다른 오크통보다 짧은 기간에 코냑을 숙성시켜 원숙한 향과 맛을 내는 데 결정적인 역할을 한다. 오늘날 루이 14세의 유능한 재무장관으로 알려진 콜베르 장관은 코냑에 있어서도 프랑스의 위대한 술을 만들 수 있도록 숲을 보전하는 데 잊을 수 없는 은인이 되었다.

코냑 생산지

와인으로 유명한 보르도 시에서 북쪽으로 약 100km 떨어진 곳에 코냑(Cognac)이라는 도시가 있다. 이 도시는 크지 않은 면적에 울퉁불퉁한 언덕과 포도밭으로 둘러싸여 있다. 코냑 산업의 중심 도시는 코냑과 자르낙(Jarnac)이다. 코냑 지방의 포도밭은 1십만ha 정도이고 행정 구역은 샤랑트(Charente)와 샤랑트마르탱(Charente Maritime), 그리고 남쪽 도르도뉴(Dordogne) 일부와 되세브르(Deux-Sèvres) 일부에 걸쳐 있다.

증류가 시작되고 나서 1860년대 프랑스의 지질학자가 토양의 샘플을 채취하고 그 토양에서 생산되는 브랜디를 테스트한 결과, 석회질 토양일수록 좋은 브랜디가 나온다는 결론을 얻을 수 있었다. 이후 토질에 따라 6개 지역으로 나뉘어 1935년 부터는 A.O.C.(Appellation d'Origine Controlee : 원산지 명칭 통제) 법으로 엄격하게 규제하였다.

6개 지역 가운데 가장 고급 코냑이 나오는 곳은 그랑드 샹파뉴(Grande Champagne)이다. 이곳은 지명이 샹파뉴일 뿐, 발포성 와인인 샴페인과는 아무 관련이 없다. 이곳의 지형은 석회질의 평평한 땅으로, 이곳에서 생산되는 브랜디는 묵직하고 강렬하다.

퍼티트 샹파뉴(Petite Champagne)는 그랑드 샹파뉴를 둘러싼 남쪽 지역으로, 이곳의 브랜디는 가볍고 은은하며 숙성도 빨리 된다. 그래서 그랑드 샹파뉴의 브랜디와 퍼티트 샹파뉴의 브랜디를 섞으면 상호 보완 작용으로 환상적인 조화를 이룬다. 블렌딩할 때는 그랑드 샹파뉴의 것을 50% 이상 사용해야한다. 블렌딩한 상표에는 '핀느 샹파뉴(Fine Champagne)' 또는 '그랑드 핀느 샹파뉴(Grande Fine Champagne)'라는 명칭이 붙게 된다. 이런 사실을 알지 못한다면 웬 코냑에 샴페인이 나올까 의아하게 여길 수도 있다.

이 두 곳 외에 보르더리(Borderies)는 향이 풍부하고 숙성어 빠르며, 팡부와(Fins Bois)는 생산량이 가장 많고 맛이 경쾌하고 빨리 숙성된다. 봉부와(Bons Bois)와 부와 오르디네르(Bois Ordinaires)는 블렌딩용이다. 현재 시판되고 있는 코냑 가운데 그랑드 샹파뉴(Grande Champagne)나 핀느 샹파뉴(Fine Champagne), 보르더리(Borderies) 세 곳은 생산 지역이 표기되고 있지만, 그

나머지 지역은 메이커들이 표시를 않고 있다.

코냑 제조법

포도의 품종은 주로 생테밀리옹(Saint Emilion)이다. 이 품종을 다른 곳에서는 위니블랑(Ugni Blanc)이라고도 하고, 이태리에서는 트레비아노(Trebbiano)로 알려져 있다. 이 포도로 만든 와인은 신맛이 많고 알코올 농도는 7~9% 정도밖에 되지 않는다.

제조 회사가 포도 재배에서부터 증류, 병입(甁入)까지 일괄 처리하는 곳도 있지만, 포도원에서 증류한 새 술을 구입하여 자기네 회사에서 숙성시키고 블렌딩하여 제품을 만드는 곳도 있다. 대개 10월 말이나 11월 초부터 발효가 끝난 와인을 가져와서 증류를 시작한다. 이 지방의 증류기는 가장 원시적인 형태로, 13세기 빌라 노바가 만든 것과 별반 차이가 없을 정도이다. 이 증류기는 이 지방의 이름을 붙여 '샤랑트 스틸(Charente Still)'이라고 부른다. 구조는 벽돌로 만든 아궁이에 둥근 구리 솥이 얹혀 있는 형태이며, 솥 끝에 달린 가는 관이 냉각수 탱크를 통과하게 되어 있다.

이 구식 증류기로 증류를 하면 처음에는 27~30% 정도의 알코올이 나오는데, 이 액을 모아서 다시 증류를 하면 70%가량의 알코올 성분을 가진 액체를 얻을 수 있다. 몰트위스키를 제외한 모든 증류주는 연속식 증류기를 사용하지만 코냑만은 구식 증류 방법을 고집하고 있다. 이 장치는 조작이 까다롭고 한 번 증류하면 찌꺼기를 제거하고 다시 증류를 해야 하는 번거로움이 있을뿐더러 경비도 많이 들지만, 향기 성분을 그대로 간직할 수 있어 세계적인 명주를 탄생시키고 있는 것이다. 이 증류 과정이 코냑을 만드는 데 있어서 가장 예민한 단계라고 할 수 있다.

증류가 끝난 후 새 술은 오크통에 넣어서 증류하게 된다. 이 숙성 과정에서 코냑은 공기와 접촉하면서 서서히 증발도 되고, 나무통에서 타닌과 리그린 등의 성분이 나와 색깔이 진해지면서 코냑 고유의 향을 갖게 된다. 350ℓ 나무통에서 25년간 숙성시키면 나무통에서 약 500g의 성분이 추출된다. 숙성을 오래 시키면 알코올 농도가 낮아지고 오크 냄새가 강해지기 때문에 처음에는 새 오크통을 사용하고 나중에는 헌 오크통으로 옮긴다. 숙성이 끝난 코냑은 오크통의 종류, 숙성 기간, 숙성 장소 등에 따라 여러 가지 맛을 가지고 있어서 전문가를 동원하여 맛을 보아 가며 블렌딩하고, 알코올 농도를 맞추어 제품으로 내놓는다.

코냑의 자격

코냑은 숙성 기간을 표시하는 것으로 유명하지만 회사별로 그 의미가 같지는 않다. 정직하지 못한 업자의 숙성 기간 조작을 방지하기 위해 1983년 코냑 사무국(Bureau National Interprofessionnel du Cognac)에서는 다음과 같은 부호로 표기하도록 개

정하였다.

가을부터 시작하여 증류가 갓 끝난 새 술은 공식적으로 '콩트(Compte) 00'이라고 한다. 4월 1일이 되면 공식적인 증류가 끝나는데 이때가 '콩트 0'이 된다. 그리고 이듬해 4월 1일은 '콩트 1'이 되고, 이후 매년 공식적인 나이가 하나씩 더해진다.

코냑이라는 이름을 붙이려면 최소한 콩트 1 이상이어야 하고, 쓰리스타(★★★)는 콩트 2 이상, V.S.O.P.(very superior old pale)는 콩트 4, 더 오래된 코냑은 콩트 6이 넘어야 한다. 65% 이상의 코냑은 V.S.O.P.가 되기 전에 팔리는데, 그 양이 워낙 많다 보니 코냑 사무국에서는 콩트 6 이상만 관리하고 있다. 이에 대한 규정과 품질 관리 및 숙성에 대한 정직성 등은 회사 책임이고, 그 명성과 긍지 등의 문제도 회사 스스로 관리할 수밖에 없다. 관련 법규에 코냑의 숙성 연도 표시는 의무 규정이 아닌 관계로 V.S.O.P., Extra, Napoleon 등도 최소 숙성 기간만 만족시키면 된다. Napoleon은 콩트 6 이상이면 붙일 수 있다. 각 메이커마다 자기네 기준에 따라 각각의 부호를 선택한다. 따라서 A회사의 나폴레옹과 B회사의 나폴레옹이 같은 등급이라고 할 수는 없다.

몇십 년 전까지만 X.O.(extra old)나 Napoleon이란 이름이 붙은 코냑은 최고급 제품으로 취급되었으나 이후 수많은 신제품에 각각 다른 이름들이 붙게 되어 요즈음은 코냑에서 X.O나 Napoleon은 그 회사의 중급 제품 정도밖에 안 된다. 위스키와 마찬가지로 코냑은 숫자로 숙성 기간을 표시하지 않고

기호로 표시하기 때문에 나폴레옹은 100년 묵은 것이라는 둥
근거도 없는 얘기들이 전해 내려오고 있는 것이다.

명품 코냑

대개의 코냑 메이커들은 자체적으로 포도밭과 증류 공장을
소유하고 있다. 그러나 이들만으로는 코냑의 엄청난 수요를
감당할 수 없다. 코냑 1ℓ를 만들기 위해서는 약 7ℓ의 와인이
필요하다고 한다. 따라서 코냑을 생산하려면 많은 양의 와인
과 넓은 포도밭을 소유하고 있어야 하고, 이들을 관리하는 데
도 상당한 노력과 경비가 요구된다. 그래서 대부분의 메이커
들은 증류된 술을 구입하여 숙성시키고 블렌딩 과정을 거쳐
판매한다. 코냑의 90%는 이러한 직업적인 증류 업자나 개인
업자가 증류한 것이다.

카뮈(CAMUS) - Camus S. A.
1863년 카뮈가 주도하여 결성한 협동조합에서 시작된 회
사이다. 이때부터 협동조합의 명칭인 '라 그랑드 마르크(La
Grande Marque)'라는 상표로 출하했으며, 1934년 카뮈의 손자
미셸 카뮈가 사장으로 취임한 뒤 '카뮈(CAMUS)'라는 현재의
상표를 사용하게 되었다. 이후 수출에 주력하여 영국, 소련에
이어 미국, 캐나다 등 북미 대륙과 중동 지방까지 진출하게 되
었다.

1863년에는 창립 100주년을 기념하여 '카뮈 나폴레옹'이라는 고급 코냑을 개발하여 인기를 얻어 나폴레옹 하면 카뮈라는 정평이 나오게끔 되었다. 이와 같이 코냑 업계에서 카뮈는 그 위치를 확실하게 다졌으며, 1983년에는 '카뮈 X.O.'를 발매하여 주상품으로 자리 잡게 되었다.

카뮈사의 포도밭은 그랑드 샹파뉴와 보르더리에 있으며, 여기서 생산되는 원주(原酒)가 카뮈사의 고급 제품이 되고, 나머지 부족한 양은 창업 때부터 관계를 맺어 온 주변 농가나 증류 업자로부터 구입한다. 제품의 산지는 그랑드 샹파뉴, 퍼티트 샹파뉴, 보르더리, 팡부와 등 4개 지역으로 제한하고 있다. 카뮈사의 코냑은 전체적으로 묵직하고 숙성도가 깊게 느껴지는 것이 특징이다.

쿠르부아지에(COURVOISIER) - Courvoisier S. A.

쿠르부아지에는 마르텔, 헤네시와 함께 코냑의 세계 3대 메이커이다. 이 회사의 코냑은 달콤한 나무통 냄새와 함께 강한 여운을 남기는 뒷맛이 특징이다. 이 회사는 1790년 파리의 와인 상인인 쿠르부아지에가 설립했으며, 그는 나폴레옹 보나파르트와도 잘 아는 사이였다. 자기 회사 코냑을 나폴레옹에게 헌납도 하고, 나폴레옹이 엘바 섬으로 귀양 갈 때 이 코냑을 가져가기도 했다. 그는 나폴레옹과의 친분을 이용하여 쿠르부아지에의 코냑을 나폴레옹의 브랜디라고 선전하면서 심벌마크도 나폴레옹의 위상을 사용하였다.

이 회사는 코냑의 거대 메이커 중에서 유일하게 자사 소유의 포도밭이 없고, 옛날부터 거래해 오던 3천여 증류 업자들의 새 술을 구입하여 자기네 회사의 거대한 창고에서 리무쟁 오크통으로 숙성시키고 블렌딩한다.

헤네시(Hennessy) - Ste, Jas, Hennessy & Co.

헤네시사는 1765년 아일랜드 출신 리차드 헤네시가 세운 회사이다. 그는 외국인이면서도 루이 14세 근위대로 코냑 지방에 주둔하였는데, 당시 지방 토속주였던 코냑의 장래성을 예견하고는 이 지방에 자리를 잡았다.

회사가 조직된 것은 그 아들 대에 이르러서였으며, 이후 100여 년이 지난 4대째 모리스 헤네시가 회사를 운영하면서 코냑 업계에 획기적인 변화를 유도하게 된다. 당시 코냑 업계는 판매업자가 나무통에 들어 있는 채로 구입해 가서 어느 정도 보관했다가 파는 것이 상례였다. 따라서 업자의 숙성 방법이나 기간에 따라 품질이 좌우될 수밖에 없었다. 헤네시는 품질을 일정하게 하는 방법을 고민하던 끝에 업자에게 숙성을 맡기지 않고 자신이 직접 했으며, 또한 소비자가 마시기 편리하도록 코냑을 병에 넣어서 판매하기 시작하였다.

그는 최초로 '코냑'이라는 상품명을 병에 표시했고, 1865년부터는 별표(★★★)를 사용하여 숙성 기간을 표시함으로써 비교적 정직한 업자라는 평을 얻게 되었다. 이때부터 다른 업자들도 병에 넣어 판매를 시작했으며, 오늘날까지 숙성 기간을 표시하는 전통도 내려오게 되었다.

　헤네시사는 현재 약 500ha의 포도밭을 소유하고 28개의 증류 공장을 운영하고 있지만, 이것으로는 전체 수요를 댈 수 없어 전속 계약한 포도원과 증류 업자들로부터 구입하는데 그 양 또한 엄청나다. 원주는 리무쟁 오크통에 넣어 회사 저장 창고에서 숙성시키고 있다. 헤네시사는 세계시장 점유율도 가장 높다. 헤네시사는 1971년 '동 페리뇽' 샴페인으로 유명한 샴페인 회사 '모에 샹동(Moët & Chandon)'과 합쳐서 '모에 헤네시(Moët & Hennessy)' 그룹이 되었고, 이후 크리스찬 디올의 향수 회사도 합병하여 거대 기업 LVMH(루이뷔통 모에헤네시) 그룹으로 성장하게 되었다.

마르텔(MARTELL) – Martell & Co.

　마르텔사는 1715년 장 마르텔이 설립한 회사이다. 마르텔은 그 역사와 전통, 생산 규모, 미식가의 신뢰도 등을 고려해 보면 코냑을 대표하는 명주라 할 수 있다. 마르텔사은 코냑 메이커 중에서 가장 전통적이고 고전적인 회사로 알려져 있다. 블렌딩도 세습제로 내려오면서 전통을 그대로 유지하고 있다. 마르텔은 깊이 있는 숙성도와 높은 품위를 자랑하고, 화려하지는 않지만 조용하고 안정적이며, 절묘한 맛과 향이 조화를 이룬다.

레미 마르탱(REMY MARTIN) - E, Remy Martin & Co.

레미 마르탱은 헤네시, 마르텔 등과 함께 세계시장에서 시장 점유율이 높은 메이커 중 하나이다. 회사는 1724년에 창립, 마르텔에 이어 오랜 역사를 자랑하고 있다.

레미 마르탱이 코냑 업계에서 이름이 알려진 것은 1924년 안드레 르노가 이 회사를 인수한 후의 일이다. 그는 그랑드 샹파뉴에 넓은 포도밭을 가지고 있는 농장주의 딸과 결혼함으로써 처갓집에서 양질의 원료 포도를 구입할 수 있었고, 핀느 샹파뉴 규격의 V.S.O.P.급 코냑을 양산하여 회사 기반도 확실히 다질 수 있었다. 이후 이 회사는 그랑드 샹파뉴와 퍼티트 샹파뉴 두 지역에서만 생산되는 원주를 사용하도록 방침을 정했으며, 자기네 회사에서 생산되는 모든 제품에 '그랑드 샹파뉴' 또는 '핀느 샹파뉴'라는 라벨을 붙이도록 하였다. 이 회사의 최고급품 '루이 13세'는 코냑 중에서 가장 비싼 것으로 알려져 있다.

진과 보드카

진(Gin)

진은 위스키나 브랜디와 같은 증류주이지만, 그 성격을 살펴보면 위스키나 브랜디와는 꽤 차이가 있다. 위스키나 브랜디는 거의 자연 발생적으로 그 제조법을 터득했고 또 숙성 과정을 거치면서 향미가 개선되는 술인 반면에 진은 발명자가 확실하고 숙성이 필요 없는 인공적인 술이다.

처음에는 약으로

진은 17세기 중엽 네덜란드의 의과대학 교수이자 의사인 프란시스 뒤보아(Franciscus Dubois de la Boe, 대개 Doctor sylvius

라고 부른다)가 만든 술이다. 그는 이뇨 효과가 있다고 알려진 주니퍼 베리(Juniper berry : 노간주나무 열매, 두송실)에서 그 성분을 추출하고자 열매를 알코올에 넣고 증류를 하였다. 그렇게 해서 완성된 약용 술이 이뇨 작용뿐 아니라 위를 튼튼하게 하고 해열에도 효과가 있는 것으로 밝혀져 약국에서 판매되기 시작하였다. 그런데 이 약용 술은 약보다는 그 산뜻한 냄새가 애주가를 자극하여 술로 더 널리 애용되었다. 처음 이 약용 술에는 주니퍼 베리의 당시 프랑스어인 '주네브레(Geniévre)'라는 이름이 붙어 있었는데, 술로 팔리면서 이름도 '주네바(Genever)'로 바뀌었다. 지금도 네덜란드에서는 '주네바'라고 부른다. 이 술이 영국으로 건너간 뒤 이름이 줄어들어 진(Gin)이 되었고, 영국에서는 더욱 풍미가 가벼운 술로 발전하였다.

런던 드라이진

진이 영국에 첫발을 들여놓게 된 것은 네덜란드에 주둔해 있던 영국군에 의해서이다. 그리고 영국에서 진이 유행하게 된 시기는 1689년 윌리엄 3세가 외국의 주류에 세금을 높게 책정하자 프랑스의 와인과 브랜디의 수입이 곤란하게 된 이후부터이다. 당시 영국의 증류주는 스카치위스키가 유행하기 전이어서 맥주를 증류한 무덤덤한 알코올이 주류를 이끌고 있었는데, 주니퍼 베리의 산뜻한 향은 굉장한 효과를 나타냈다. 18세기에는 영국의 진 생산량이 본거지인 네덜란드의 생산량을 능가했으며, 이후 미국으로 건너가 칵테일 베이스로 쓰이게 되면서 전 세계로 퍼져 나갔다. 그래서 "진은 네덜란드인이 만들고, 영국인이 더욱 세련되게 했으며, 미국에게 영광을 안겨 주었다."는 말도 나오게 되었다.

진은 그의 탄생과 성장에 따라 네덜란드 타입과 런던 타입, 두 종류로 구분된다. 네덜란드 타입(Dutch Genever)은 향미가 짙고 맥아의 향취가 남아 있는 묵직한 타입으로, 일명 홀랜드(Hollands) 혹은 쉬덤(Schiedom)이라고도 한다. 원료는 맥아에 옥수수, 라이보리 등을 섞어서 당화시킨 후 발효와 증류를 거쳐 농도 50~55%가량의 알코올을 얻은 다음, 이 알코올에 주니퍼 베리를 넣고 다시 증류를 한다. 향기 성분이 강해 칵테일용으로는 별로 쓰이지 않는다.

런던 타입(London Dry Gin)은 런던을 중심으로 발달하여 이 이름이 붙여졌다. 이 타입은 세계적으로 호평받고 있으며, 세계 여러 나라에서도 런던 드라이진을 생산하고 그 명칭도 '런던 드라이진'이라 부르는 것이 많다. 원료는 맥아와 옥수수를 주원료로 하여 당화·발효시키는데, 이 과정은 그레인위스키를 만드는 법과 거의 같다. 증류 후 농도를 90~94%로 한 다음 다시 물을 타서 60%로 희석시킨다. 그러고 나서 여기에 주니퍼 베리 등 향료 물질을 넣고 다시 증류하여 제품화한다.

콤파운드 진(Compound Gin)은 미리 향료 성분을 추출하여 알코올과 섞는 간단한 방법으로 만들기 때문에 간편하고 품질 관리도 쉬워 여러 나라에서 이 방법을 사용하고 있다. 주니퍼 베리는 소나무 향 비슷한 냄새를 가지고 있다. 이탈리아와 유고산을 최고로 치며 독일산도 좋은 편에 속한다. 쥬니퍼 베리 외에도 코리앤더(Coriander : 고수풀) 열매, 레몬 껍질, 코코아 등도 향료 물질로 사용된다.

보드카(Vodka)

생명의 물, 보드카

보드카(Vodka)는 러시아에서 발달된 증류주로서 제정러시아 왕조의 마지막 3대에 걸쳐 황제가 애용하여 귀족들도 즐겨 마셨으며 러시아를 대표하는 술로 인식되고 있다. 보드카는 14세기경 러시아에서 만들기 시작하여 북유럽 여러 국가에서 애용되고 있으며, 최근에는 미국도 보드카 생산 대국에 합류하였다. 보드카는 무색투명하고 냄새도 없는 순수한 알코올에 가까운 맛을 지니고 있어서 칵테일 베이스로 많이 사용되고 있다. 미국에서 보드카가 유행하게 된 것도 칵테일 베이스로 그 수요가 늘기 때문이다. 와인과 맥주를 제외한 서양 술 중에 가장 많이 팔리는 것이 보드카이다. 보드카의 어원은 '생명의 물'이란 말에서 물의 러시아 어 'Voda'에서 유래되었다는 설, 라틴어의 '생명의 물(Aqua Vitae)'에서 'Aqua'가 러시아 어로 바뀌었다는 설 등이 있다.

원료는 정해진 것이 없다

원래의 보드카는 곡물을 원료로 사용하여 만든 술을 증류하면서 자작나무 숯을 통과시켜 냄새를 제거한다(자작나무는 추운 지방에서 자라는 줄기가 약한 낙엽수로 줄기의 껍질이 종이처럼 하얗게 벗겨지며, 주로 높은 산에서 많이 자란다. 우리나라는 중부 이북지방에서 주로 발견된다).

보드카의 원료는 특별히 따로 정해진 것이 없다. 북유럽에서는 주로 감자를 이용하여 보드카의 원료는 감자라고도 하지만, 일반적으로 곡류를 원료로 알코올을 만들면 된다. 감자 외에도 옥수수·밀·보리 등 광범위하게 사용된다. 원료는 정해져 있지 않지만 당화시킬 수 있는 맥아는 꼭 들어 있어야 한다.

증류는 연속식 증류 장치를 이용하여 95% 정도의 순도 높은 중성 알코올을 만든다. 이렇게 만든 중성 알코올에는 알코올 이외의 성분은 거의 없다시피 하지만 다시 이것을 순수한 물(증류수나 정제된 물)로 희석하여 알코올 농도를 40~50%로 조절한 다음 목탄층을 통과시킨다. 목탄(나무로 만든 숯)은 냄새와 색깔을 흡착하는 성질을 갖고 있어 목탄이 들어 있는 탱크에 알코올이 통과하면 알코올에 있는 냄새가 완전히 제거된다. 가령 레드와인을 목탄과 같은 숯에 접촉시키면 색깔이 없어져 화이트와인이 되고 향기도 거의 없는 맛없는 와인이 된다.

이렇게 자극성의 냄새나 맛이 없는 보드카는 저장 용기도 재질의 영향을 받지 않도록 스테인리스 탱크 등을 사용한다. 병에 넣을 때는 적절한 알코올 농도에 맞추어 40~50% 정도로 하고, 경우에 따라 감미를 하거나 과일 향 등을 섞어 고유의 특징을 나타내기도 한다.

스크류 드라이버

보드카는 칵테일 베이스로 가장 많이 사용되는데, 스크류 드라이버가 그 대표적이라 할 수 있다. 스크류 드라이버는 보드카와 오렌지주스를 섞은 것으로 그 기원이 우리나라라는 소문도 있다. 한국전쟁 때 참전한 미군들이 중국군의 배낭에서 발견한 술을 마셔 보았는데 독하기만 할 뿐 아무 맛이 없자 오렌지주스를 섞었더니 그런대로 마실 만했다. 귀국 후 참전 동료들과 모인 술집에 전쟁 때 마셨던 그 보드카가 수입이 되어 진열된 것을 보고는 옛 추억을 되살려 오렌지주스와 섞어서 마신 것이 이 칵테일의 기원이 되었다고 한다.

마실 때는 순하지만 금방 취하는 성질이 있어 여성들이 조심해야 하는 칵테일로도 알려져 있다. 칵테일로 마시는 것도 좋지만 차게 해서 철갑상어 알(캐비아)을 곁들여 마시면 잘 어울리는 것으로 정평이 나 있다.

럼과 테킬라

럼(Rum)

설탕 찌꺼기를 이용한 술

사탕수수 즙을 농축시켜서 설탕 결정을 분리하고 남은 액을 당밀(Sugar Cane Molasses)이라고 하는데, 이것이 럼의 원료이다. 이 당밀은 고농도의 당분을 함유하고 있어 술의 원료로는 더할 나위 없이 좋다. 우선 당화시킬 필요도 없을뿐더러 그 생산량도 엄청나 싼 값으로 손쉽게 구할 수 있다. 우리나라도 이 당밀을 수입해 주정(酒精)의 원료로 상당량을 사용하고 있다.

럼의 발생지는 설탕이 많이 생산되는 중앙아메리카의 서인도제도이다. 럼의 원료가 되는 사탕수수는 처음부터 이 지방에서 자생했던 것은 아니다. 원래는 동남아시아, 인도 등지에서 자라던 것을 스페인 사람들이 콜럼버스의 신대륙 발견 이후 중앙아메리카로 옮겨 심은 것이 오늘날 사탕수수의 주산지로 변모하였다.

처음 럼을 제조하게 된 동기는 증류 기술을 익힌 영국인이 17세기에 소(小)앤틸레스제도(Lesser Antilles)의 발바도스(Barbados)에 정착하면서 시작되었다고 한다. 그는 이 지역에 자라고 있는 엄청난 양의 사탕수수에 눈길을 돌려 럼을 만들었으며, 이 강한 술을 처음 마셔 본 원주민들은 술에 취해 홍분(Rumbullion)하게 되었다. 이 Rumbullion이란 단어는 그 후에 없어지고 현재 영어에는 Rumbustious(시끄러운, 소란스러운)라는 형용사만 남아 있는데, 럼이란 단어의 유래는 바로 Rumbullion의 앞부분만 남아서 생긴 것으로 추측된다. 또 다른 어원은 사탕수수의 라틴어의 사카럼(Saccharum)에서 럼이 되었다는 설도 있다. 어쨌거나 영어로는 Rum, 프랑스어 Rhum, 스페인 어로 Rom이라 부른 것으로 미루어 모두 같은 어원을 가지고 있는 것으로 보인다.

해적의 술

럼은 제당 공업의 부산물인 당밀이 원료여서 일반적으로 값이 싼 하급주로 취급된다. 주산지는 카리브 해 연안으로, 당시에는 해적들이 많이 활동하던 곳이어서 해적의 술로도 알려져 있다. 제당 공업의 부산물인 당밀은 열대의 고온에서 쉽게 발효되어 알코올로 변하는데, 이것을 증류하여 럼을 만든다. 사탕수수의 당밀은 산성으로 풍미가 좋고 독특한 단맛과 향이 있으며 보통 55~65%의 당분을 함유하고 있다.

당밀을 발효시킬 때는 주로 자연 발효를 유도한다. 이때 효모뿐 아니라 여러 종류의 박테리아도 관여하여 럼 특유의 향기가 형성된다. 사용하는 나무통은 미국 위스키를 숙성시켰던 화이트 오크통이 주로 쓰인다. 이렇게 만든 럼은 향미가 강한 헤비 럼(Heavy rum)이 된다. 럼의 색깔은 설탕을 태워서 만든 캐러멜을 이용하여 자유자재로 조절할 수 있다. 럼은 화이트 럼(White rum), 골드 럼(Gold rum), 다크 럼(Dark rum)으로 구분된다. 하지만 이처럼 색깔로 럼을 구분하는 것은 별 의미는 없다.

럼의 원료는 당밀 외에도 제당 공업에서 사탕수수 즙을 끓일 때 생기는 부유물을 섞기도 한다. 또 브라질에서는 사탕수수만을 원료로 럼을 만들고, 자메이카에서는 증류할 때 나오는 폐액(廢液)을 혼합하여 독특한 향미를 형성하기도 한다.

럼을 타입에 따라 나누어 보면, 주로 자메이카에서 생산되는 헤비 럼은 당밀을 자연 발효시켜 단식 증류한 뒤 나무통에서 숙성시킨 것으로, 향미가 풍부하다. 중간 타입의 미디엄 럼(Medium rum)은 마르티니크(Martinique) 섬이 주산지이다. 라이트 럼(Light rum)은 연속식 증류 방법으로 생산되므로 그 맛이 부드럽고 가볍다. 주산지는 쿠바와 푸에르토리코이다.

테킬라(Tequila)

멕시코의 상징, 테킬라

우리나라처럼 IMF 외환위기를 겪은 멕시코는 테킬라 수출에 더욱 주력하여 토속주 테킬라는 유럽을 비롯한 여러 나라에서 인기를 끌게 되었다. 특이한 맛에 소금을 찍어 같이 마신다는 이상스런 방법으로 우리나라에도 자주 소개되는데, 멕시코 전통주라는 것 외에는 무엇으로 어떻게 만드는지는 별로 알려진 것이 없다. 테킬라의 원료를 선인장으로 알고 있는 사람이 많지만, 테킬라는 용설란(龍舌蘭)의 일종인 마게이(Maguey, 영어로 Agave) 줄기로 만든다.

아즈텍(Aztec) 사람들은 스페인에서 증류 기술이 들어오기 전부터 이 식물의 줄기로 만든 걸쭉한 술을 풀케(Pulque)라고 부르면서 우리의 막걸리처럼 애용했다고 한다. 이 풀케를 증류하면 독한 술이 되는데, 이를 메즈칼(Vino mezcal) 혹은 마게이 브랜디(Maguey brandy)이라 하며 우리의 소주처럼 멕시코 서민들도 메즈칼을 즐겨 마신다. 이 메즈칼 중에서 가장 품질이 뛰어난 것은 할리스코(Jalisco) 주에 있는 테킬라라는 마을에서 생산되는 것이다. 멕시코 정부는 이곳에서 나오는 품질 좋은 메즈칼에만 '테킬라'라는 이름을 붙이도록 법으로 보호하고 있다.

테킬라의 원료

메즈칼 재료가 되는 용설란은 100여 종이 있으나 테킬라 주에서 재배하는 청색 용설란(Agave Tequileana)이 가장 우수하다. 이 식물을 10~12년 정도 키워 밑둥치에서 즙이 나오기 시작하면 수확한다. 먼저 잎을 제거하고 밑둥을 잘라 내면 거대한 파인애플 모양이 되는데, 이것을 솥에 넣고 9~24시간 스팀으로 가열하면 단맛이 나는 주스가 빠져나온다. 이 주스를 발효시켜 술을 만든 다음, 구리로 만든 증류 장치를 거치면 처음에는 14% 정도의 알코올을 함유한 술이 나오고, 이것을 다시 증류하면 53~55%의 독한 술을 얻을 수 있다.

무색투명한 테킬라는 숙성시키지 않은 것이고, 골드 테킬라 (Gold Tequila)는 제조업자가 숙성시켜 색깔을 맞춘 것으로서 공인된 명칭은 아니다. 공식적으로 숙성 기간을 표시하는 문구는 레포사도스(Reposados : 오크통에서 두 달 이상), 아네호스 (Anejos : 오크통에서 일 년 이상) 두 가지가 있다. 요즈음 늘어나는 테킬라의 수요에 비해 10년 이상 자라야 하는 용설란의 공급이 달리자, 멕시코 정부는 청색 용설란의 즙을 51% 이상 넣고 나머지는 다른 원료를 사용해도 좋다고 발표한 바도 있지만, 여전히 고급 테킬라는 100% 청색 용설란만 고집하고 있다.

테킬라는 메즈칼의 왕

테킬라는 메즈칼의 일종이지만 메즈칼은 테킬라가 아니다.

테킬라는 반드시 청색 용설란를 사용해야 하지만 메즈칼은 어게이비 에소아딘(A. Esoadin)을 비롯한 다른 종도 사용한다. 테킬라는 두 차례 증류하는데 경우에 따라서는 세 번도 한다. 메즈칼은 주로 한 번 증류를 하고 고급은 두 번 한다. 메즈칼은 잎을 제거한 둥치를 팔렌키(Palenque)라는 구멍 뚫린 바위 솥에 넣고 야자 잎으로 덮은 다음 숯불로 가열하면 진한 연기 냄새가 밴다. 대부분의 메즈칼은 오악사카(Oaxaca) 지방에서 만들지만(공식적으로 게레로·두랑고·산루이스포토시·사카테카스 주에서도 만들 수 있다), 테킬라는 할리스코(Jalisco) 주 북서 지방에서 만든다.

메즈칼은 최근 생산 기준을 정해 테킬라의 아성에 도전하고 있다. 1999년 현재 테킬라는 500여 개의 브랜드가 있고, 메즈칼은 100개 정도가 있다. 1994년 멕시코 정부는 '메즈칼'이란 명칭을 보호하기 위해 법률을 통과시켰으며, 공식적으로 메즈칼 이름을 사용할 수 있는 7개 지방(Municipos)을 선정하였다. 테킬라는 멕시코 정부와 테킬라 규제위원회의 통제를 받고, 비영리 단체인 테킬라 생산회의 규제도 받는다. 아네호스(Anejos)는 4년 이상 오크통에서 숙성 과정을 거쳐야 한다. 테킬라의 알코올 농도는 보통 38~40도이고 공식적인 규정은 38~55도이다. 가격은 100% 청색 용설란(Agave Tequilana)의 사용 여부와 숙성 기간에 따라 차이가 난다.

소금과 레몬 한 조각

테킬라는 유럽의 증류주와는 전혀 맛이 다르고 역겹기까지 하지만, 소금과 라임주스와는 잘 어울린다고 정평이 나 있다. 그래서인지 멕시코에서는 전통적으로 테킬라를 마시는 격식이 따로 있다. 한 손에는 라임이나 레몬 한 조각을 들고 엄지 손톱이나 손등에 소금을 얹은 후 찬 테킬라를 글라스에 조금 따라 놓고 라임을 한 번 씹고 손등에 얹어 놓은 소금을 핥은 다음 테킬라를 들이킨다. 또 다른 방법은 토마토와 감귤주스를 섞은 상그리타(Sangrita) 주스를 한 손에 들고, 다른 손에는 테킬라를 들고 번갈아 가면서 마시는 방법이 있다.

테킬라는 미국에서 마르가리타(Margarita)라는 이름의 칵테일이 유행하면서 그 수요가 급증하게 되었다. 이 칵테일 역시 테킬라와 라임주스를 얼음과 섞어 흔들어 내놓는데, 글라스 테두리에 소금을 발라 놓는다는 점이 특이하다. 그래서 칵테일을 마시기 전에 벌써 짠맛이 자극을 준다. 이외에 테킬라 칵테일에는 테킬라 토닉(Tequila & Tonic), 테킬라 선라이즈(Tequila Sunrise) 등이 있다.

술에 벌레가 들어 있다?

마실 기회도 많지 않은 데 비해 테킬라가 우리나라에 많이 알려지게 된 동기는 독특한 음주법과 병 속에 벌레가 있다는 소문 때문일 것이다. 그러나 테킬라 병 안에는 벌레가 없다. 가끔 미국에서 만들어지는 데킬라에 벌레가 들어가기도 하는

데 이는 마케팅 방법의 하나일 뿐, 멕시코의 정통 테킬라에는 벌레를 넣지 않는다. 벌레를 넣는 것도 1940년대에 생긴 것이다. 이 벌레는 원료 식물인 용설란에 자생하는 나방의 애벌레로서 구사노(Gusano)라고 한다. 옛날부터 식용으로 이용되었으며 시장에서 팔기도 한다. 그러나 우리나라는 혐오식품으로 정식 수입은 않고 있다.

칵테일

혼합주, 미국 문화의 유산

칵테일을 비롯한 혼합주란, 각종 주류를 기본으로 과일주스와 시럽, 향신료 등을 혼합하여 독특한 맛과 신선한 향을 가지고 있는 혼합 음료를 말한다. 이 혼합 음료가 19세기 중엽 미국을 중심으로 세계적으로 유행하기 시작하였고, 따라서 위스키·브랜디·진·보드카·럼 등 양주류의 국제적 유통도 활발하게 진행되고, 지속적으로 새로운 타입의 음료도 발달하게 되었다.

처음에는 단순히 몇 가지 재료만 섞어서 마셨던 것이 뜨거운 물을 넣어 핫 드링크(Hot Drinks)를 만들어 마시기도 하고,

또 제빙 기술의 발달로 얼음을 쉽게 구할 수 있게 되자 얼음을 가해 냉각시켜 마시기도 했다. 이에 따라 혼합주는 맛과 아름다움을 추구하는 멋있는 술로, 또 더욱 다채롭고 세련된 음료로 발전을 거듭하게 되었다.

이 미국적인 혼합주가 전 세계에 퍼지게 된 데는 제1·2차 세계대전 당시 세계 여러 나라에 진주한 미군이 큰 역할을 하였다. 전승국 또는 점령군으로 진주한 이들은 풍부한 물자와 자유분방한 분위기로 유럽을 비롯한 모든 나라에 그들의 우월성을 쉽게 퍼뜨릴 수 있었다. 와인과 위스키, 코냑이 유럽 문화의 유산이라면, 혼합주 즉 칵테일은 미국 문화의 세계적인 유행, 더 나아가 현대 문명의 단편이라 할 수 있다.

혼합주와 칵테일의 관계

일반적으로 우리는 마시기 직전에 혼합한 음료를 모두 칵테일이라 부르지만, 엄밀히 말하자면 칵테일은 혼합주의 한 부류에 속한다. 칵테일을 포함하여 혼합주는 다음과 같이 분류할 수 있다.

숏 드링크(Short Dirnks)란, 본래 의미의 칵테일로서 냉각된 상태에서 짧은 시간에 마시며, 한 번에 제공되는 양도 비교적 소량(60~100㎖)이다. 마티니, 맨해튼 등이 여기에 해당된다. 롱 드링크(Long Drinks)란, 말 그대로 긴 시간 동안 마시게 만든 혼합주로서 대형 글라스에 얼음과 함께 제공된다. 얼음이

녹을 때까지 천천히 마시기 때문에 오랜 시간이 지나도 맛이 변하지 않도록 배려해야 한다. 하이볼, 펀치 등 여러 가지가 있다.

혼합주는 각각의 주류에 과일주스·시럽·탄산수 등이 일정한 처방에 의해 혼합되는데, 항상 기본적인 술 즉 기주(基酒, Base)를 중심으로 여기에 부수적인 술과 기타 향신료를 비롯하여 부재료가 들어간다. 칵테일(숏 드링크)은 기주에 따라 분류된다. 기주로 사용되는 술은 위스키·브랜디·진·보드카·럼 등 알코올 농도가 강한 증류주가 보통이지만 경우에 따라 그렇지 않은 것도 사용된다. 예를 들어 푸스 카페(Pousse Café)류는 각각 색깔과 비중이 다른 리큐르와 증류주, 시럽 등을 차례로 조심스럽게 부어 글라스에 선명하게 색깔 층이 형성되게 하여 이것을 손님이 섞어 마시는 것으로, 유희적인 면이 다분하다.

롱 드링크도 여러 그룹이 있다. 하이볼(Highball), 피즈(Fizz) 등 대표적인 것 외에도 재미있는 것이 많다. 파티에 빠질 수 없는 펀치(Punches)는 펀치볼에 20~30인분을 만드는데, 이것을 손님은 각자 기호에 맞춰 자유롭게 글라스에 따라 마신다.

칵테일 조제법

칵테일은 알코올 농도가 강한 증류주를 기본으로 그것에 향미를 첨가한 술을 넣고 신맛이나 단맛을 가진 음료를 가해 만드는 것이 보통이다. 이 세 가지 요소를 조합시켜 맛있는 칵테일을 만들어 내지 않으면 칵테일의 의미는 상실된다고 본다. 책에 나오는 칵테일의 혼합 비율은 어디까지나 기본적인 것으로, 자신의 입맛에 맞게 조제하여 마시는 것이 칵테일을 즐기는 방법이다. 다시 말해서 정해지지 않는 맛이 칵테일을 결정한다고 할 수 있다.

칵테일은 만드는 방법에 따라 두 가지로 나눌 수 있는데, 셰이커를 이용하여 강하게 흔들어 혼합하는 셰이킹(Shaking)과, 믹싱 글라스에 재료를 넣고 재빨리 저어 주는 스터링(Stirring)의 두 가지 방법이 있다. 원칙적으로 계란이나 우유, 과일주스 등 농후한 재료를 사용할 때는 셰이킹하고, 비중이 비슷한 술을 혼합할 때나 술이 가지고 있는 맛을 손상시키지 않고 샤프한 맛을 즐길 때는 스터링하는 방법을 사용한다.

어느 경우든 빈 글라스와 셰이커, 믹싱 글라스 등은 얼음으로 냉각시켜 놓고 재료를 넣기 직전에 녹은 물을 잘 빼내고 나서 재빨리 재료를 넣는다. 보통 순서는 당분의 농도가 높은 것부터 넣고 곧바로 기주를 넣은 다음, 마지막으로 우유나 계란 등을 가하는 것이 상식으로 되어 있다. 셰이킹한 후 남아 있는 얼음 조각은 스트레이너(Strainer : 여과기)로 거른 다음 글라스에 따르고, 처방(Recipe)에 따라 오렌지나 체리 등 과일로 장식한다.

칵테일의 맛과 즐거움을 위해서는 우선 정확한 양을 넣어야 한다. 개인적으로 칵테일을 조제할 때는 별 상관이 없지만 직업적인 바텐더는 누가 언제 마시든 일정한 맛을 유지할 수 있도록 정확한 양과 혼합 시간을 지켜야 한다.

그 다음으로, 칵테일은 여러 가지 재료를 섞어서 만들기 때문에 각각의 재료가 민감하게 반응하여 전체적인 맛에 영향을 끼치게 된다. 따라서 재료 하나하나의 선택에 신중을 기해야 한다. 아무리 현란한 기술을 보여 주더라도 칵테일 맛은 절대적으로 재료의 영향을 받기 때문이다.

또한 신선하고 깨끗한 얼음을 용도에 맞게 사용하고, 글라스를 비롯한 모든 기구는 깨끗하게 세척해 냉각시켜 놓는다. 칵테일은 맛의 조화가 생명이지만 무엇보다도 맛과 향, 색깔의 예술품이기에 마음을 자극하여 무드를 창출하지 못한다면 칵테일의 의미가 사라진다는 점을 잊지 말아야 한다.

베르뭇, 네이키드 마티니

베르뭇(Vermouth)은 식전주(Apéritif)로서 세계에서 가장 많이 애용되는 이탈리아 특유의 강화 와인이다. 화이트 와인에 여러 가지 향료 식물을 넣어 와인 고유의 맛에 향신료 성분이 추가되면서 특별한 맛과 향을 갖게 된다. 원래 그리스에서 이 방법으로 만든 와인이 많은데, 베르뭇 역시 그리스에서 이탈리아로 건너와 유명해졌다. 지금은 세계 여러 나라에서 베르뭇을 만들고 있다. 베르뭇의 어원은 허브 중 하나인 웜우드(Wormwood)의 독일어 Wermut(베르무트)에서 유래되었다.

처음에는 주로 웜우드를 와인에 넣었으나 오늘날에는 향료 성분이 들어 있는 식물을 알코올에 넣어 미리 향료 성분을 추출한 다음 와인과 섞는다. 알코올 농도는 첨가하는 알코올에 의해 16% 정도가 된다. 스위트 타입은 옅은 갈색에 당분은 12~15%이며, 드라이 타입은 색깔이 옅고 당분이 2~4%이다. 요즈음은 베르뭇의 향료를 한 가지만 쓰지 않고 50~60종의 향료를 첨가하므로 향료 냄새가 잘 조화를 이루어야 한다.

이탈리아 베르뭇은 화이트와인으로 만든 스위트 와인이다. 기본 와인 자체도 스위트한 것을 사용한다. 이탈리아는 법률로 베르뭇은 일 년 이상의 와인으로 만들도록 규정하고 있다. 또한 향 추출에서 최종 여과까지 일 년이 더 소요되기 때문에 이탈리아 베르뭇은 최소 2년이 걸린다. 대부분 기본 와인에 여러 가지 향료를 첨가, 추출하고 따라 내기를 한 다음 알코올을 넣고 여과한 후 설탕과 캐러멜 색소를 넣는다. 대체로 프랑스 것은 '드라이', 이탈리아 것은 '스위트'라고 하지만 오늘날에는 그 개념이 희박하다. 프랑스, 이탈리아 이외의 지역에서 오히려 더 많이 만들고 있다. 대체적으로 스위트 베르뭇이 많이 소비되지만, 미국에서는 드라이와 스위트가 거의 비슷하게 소비되고 있다. 가장 많이 마시는 나라는 아르헨티나이다.

칵테일 중에서 가장 유명한 마티니는 베르뭇과 진(Gin)을 섞어서 만든 것이다. 마티니가 처음 나왔을 때는 1 대 1의 비율이었으나, 점차 그 맛을 알게 되면서 스위트한 베르뭇을 적게 섞기 시작하여 15 대 1의 비율까지 나오게 되었다. 이렇게 베르뭇의 비율이 적은 마티니를 '드라이 마티니'라고 한다.

우리나라에서 일찍이 양주에 대해 내로라하던 심연섭은 그의 저서 『술 멋 맛』에 마티니에 관한 재미있는 글을 싣고 있다.

칵테일이란 술과 술을, 술과 향료를 혼합하는 것으로 알고 있으나 강한 술을 약한 술로 코팅하는 것으로 이해한다.

마티니의 경우 진의 알몸뚱이에다 베르뭇의 얄팍한 옷을 입히는 것으로 생각하여, 베르뭇을 섞지 않은 진을 "네이키드 마티니(Naked Martini)"라고 부르기도 한다. 또 '원자 마티니'라는 것이 있다. 그 내력은 이러하다.

미국의 네바다 주에서 핵실험을 하면서 과학자 중 마티니 애호가 한 사람이 원자폭탄에 베르뭇 한 방울을 주입해 두었다. 이 한 방울이 원폭이 폭발하면서 같이 폭발하여 대기 중에 퍼져 있는데, 라스베가스 바에서 마티니를 만들 때 셰이커 뚜껑을 열고 창밖으로 1초 동안 노출시키면 대기 중에 떠돌아다니는 베르뭇이 가라앉는다고 한다. 물론 근거 없는 이야기이다.

원자 마티니보다 더 드라이한 것은 빈 셰이커를 베르뭇 병마개로 살짝 가져 낸 다음 진만 넣고 흔들어서 만들고, 더 드라이한 것은 빈 셰이커에에다 "베르뭇!" 하고 귓속말을 하고 진을 넣으면 된다. 이때 소리를 크게 내서는 안 된다. 드라이 마티니가 세계적인 유행이지만 이를 싫어하는 일부 계층에서는 4 대 1의 비율의 복고풍 스타일도 유행하고 있다. 헤밍웨

이는 종군기자 시절 진과 베르뭇이 든 두 개의 수통을 차고 다니면서 즉석에서 만들어 마실 정도로 마티니 애호가였고, 007 제임스 본드 역시 마티니를 좋아한다.

우리가 알아두어야 할 것이 하나 더 있다. 가령 바텐더가 "How do you like it?" 하고 물을 경우 그 뜻은 '어떻게 해 드릴까요?'이다. 당연히 대답은 "Make it dry(sweet)"라고 해야 한다.

스피릿과 리큐르

스피릿(Spirit)의 본래 의미는 정신·신경·기분 등을 나타내지만, 술과 관련해서는 주정·알코올·독한 술을 뜻한다. 즉, 증류주라는 뜻이다. 지금까지 살펴본 위스키·브랜디·진·보드카·럼 등이 전부 스피릿의 범주에 속한다. 그러나 위스키와 브랜디는 술의 분류상 그 양이나 질을 고려하여 따로 분류하고, 일반적으로 스피릿 하면 위스키와 브랜디를 제외한 진·보드카·럼 등을 말한다.

리큐르(Liqueur)란, 증류주에 향미 성분을 가해 별도의 맛을 가진 술의 총칭이다. 우리나라의 인삼주, 매실주 등과 서양의 향미를 첨가한 진이나 아쿠아비테 등도 리큐르의 범주에 드는 술이다. 다시 말해서 제조법상 혼성주라고 할 수 있다. 리큐르는 첨가하는 향미 성분의 종류와 양에 따라 세계 여러 나라, 여러 지방에서 각각 독특한 타입으로 만들고 있어서 개괄적인 설명이 불가피하다.

의약품 리큐르

중세 유럽에서 증류한 알코올은 의약품으로서 병원이나 약국에서만 취급하였다. 또한 중세에는 연금술이 발달하여 순금이 만병통치약으로 여겨져 알코올에 얇은 금박을 띄워 알코올과 금의 효과를 한꺼번에 나타낼 수 있는 음료를 만들기도 하였다. 이 음료를 골드워터(Gold Water)라고 하는데 폴란드 특산품이었다.

일반적으로는 알코올에 식물의 뿌리나 열매, 껍질 등을 넣어서 만든 음료가 유행하였고, 의사들은 약용 효과가 있는 식물체의 성분을 추출하기 위해 알코올과 약초를 섞기도 했다. 당시에는 오늘날의 리큐르라고 부를 수 있는 음료는 술이 아니라 의약품으로 간주되어 상류 계층의 부인들이 주로 애용하였다.

19세기부터는 각 지방별로 여러 가지 리큐르가 나오게 되었고, 의학이 발달함에 따라 약용 술은 좀 더 미적인 가치를 추구하는 아름다운 색깔과 향을 지닌 음료로 발전하게 되었다. 그뿐 아니라 신대륙의 설탕, 아시아의 향료 등 리큐르에 사용되는 원료 물질의 종류가 다양해지면서 미국을 중심으로 칵테일이라는 새로운 음주 양식도 유행하게 되었다.

현재 리큐르는 약초나 향기 나는 식물에서 추출하는 것과, 과실류에서 추출하는 것 등으로 나눌 수 있다. 성분을 추출할 때도 침출, 침적, 증류 등의 방법을 사용하여 다양한 제품을 생산하고 있다.

샤르트뢰즈

샤르트뢰즈(Chartreuse)는 수도원에서 만들고 있는 리큐르 중에서 가장 오래된 역사를 가지고 있다. 이 술은 그 역사가 오래된 만큼이나 그 기원과 제조 방법 등은 신비에 싸여 있으며, 오랜 세월 동안 영약주(靈藥酒)의 명성을 간직한 채 숱한 역경을 딛고 일어선 고난의 역사를 가지고 있다. 샤르트뢰즈란 이름의 유래는 1084년 성 브루노(Saint Bruno)가 카르투지오 교단을 창립하고 알프스 산속에 있는 그르노블 근처의 샤르트뢰즈에 수도원을 설립하면서 이 수도원의 이름에서 따온 것으로, 명주 샤르트뢰즈는 이 수도원에서 탄생되었다.

이 술의 역사는 1605년 앙리 4세의 부관이었던 데스톨레 원수(Maréchal d'Estrées)가 이름이 알려지지 않은 어떤 사람으로부터 이 리큐르의 제조 방법을 전달받은 데서 시작된다. 그는 제조 방법이 적힌 문서가 너무나 복잡하고 난해하여 이것을 파리에 있는 수도승에게 전달한다. 그러고 나서 얼마간 세월이 흐른 뒤 이 문서는 당시 유능한 약사로 알려졌던 카르투지오회의 제롬 모베크(Gérome Maubec)에게 넘겨진다. 이때가 1735년. 당시 리큐르에 대한 연구를 하고 있던 모베크는 이 문서의 중요성을 알아차리고 연구에 몰두한 결과, 1762년에 원료를 구할 수 있었던 샤르트뢰즈 수도원에서 이 리큐르의 완성을 보게 된다.

처음에는 이 술이 수도승에게 위안을 주고 원기 회복 등의 용도로 쓰이면서 의료 혜택을 받지 못하는 산간 주민들의 약으로 환영을 받다가 중병 치료에 기적적인 효과를 발휘하면서 영약주로 인식되기 시작하였다. 수도원 밖에서도 환영을 받자 약간 고쳐서 '샤르트뢰즈 베르'(영어로 Green), '샤르트뢰즈 존느'(영어로 Yellow) 등을 내놓기 시작하였다. 물론 이때도 처방의 비밀은 공개되지 않고 다만 알프스 산중의 약초 130가지를 배합하고 다섯 번의 추출과 네 번의 증류를 거친 뒤 지하에 있는 거대한 창고에 저장한다는 정도만 알려졌다. 여기까지 샤르트뢰즈 생산은 순조롭게 진행되었으나 1789년 프랑스 대혁명으로 수도승은 국외로 추방되고 샤르트뢰즈 수도원은 폐쇄되었다. 1815년에 추방되었던 수도승들이 귀국하여 45년간의 각고 끝에 샤르트뢰즈의 부활에 성공했으나, 1903년 카르투지오회의 해산이 결정되면서 수도승들은 다시 추방되었다.

정부는 샤르트뢰즈의 제조 설비 및 상표권 등 일체를 몰수하여 개인 회사에 매각, 이 회사에서 샤르트뢰즈를 다시 생산하게 되었다. 하지만 가장 중요한 처방(레시피)이 없어 전혀 다른 샤르트뢰즈를 만들 수밖에 없었다. 한편 쫓겨난 수도승들은 스페인의 타라고나(Tarragona)에 둥지를 틀고 피레네 산의 약초를 원료로 리큐르를 만들어 프랑스에 역수출까지 하였다. 그러나 알프스의 약초와 피레네의 약초에는 질의 차이가 있어 원래의 샤르트뢰즈라고 할 수는 없었다.

샤르트뢰즈가 이런 우여곡절을 겪는 동안 프랑스에서는 샤르트뢰즈 모조품이 나돌았으며, 한때 수도승들도 마르세유에서 '타라고나'라는 이름으로 샤르트뢰즈를 생산했으나 별 반응을 얻지 못하고 오히려 유사품이 더 호평을 받기도 했다. 1927년 샤르트뢰즈를 인수했던 회사가 부도를 내면서 소유권은 봐론(Voiron)의 지방 사업가들에게 넘어가고 운영권도 합법적으로 이들의 소유가 되었다. 이들은 소유하고 있던 주식을 타라고나의 카르투지오회에 헌납하고, 그곳의 수도승들을 조용히 불러들여 1929년부터 생산하도록 했다. 이때부터 정부는 수도승의 활동을 눈감아 주었으며, 1935년 대홍수 때는 군대를 파견하여 복구 작업을 지원할 정도로 호의적인 태도를 보였다. 1940년부터 샤르트뢰즈는 완전히 옛 모습을 되찾았으며, 지금까지도 수도승이 만드는 신비의 영약주란 명성을 유지하고 있다.

베네딕틴

샤르트뢰즈와 함께 베네딕틴(Bénédictine)은 신비스런 영약주로서 오랜 역사를 자랑하는 세계적인 리큐르의 대명사라고 할 수 있다. 이 술은 1510년 노르망디의 어항 페캉에 있는 베네딕트 수도원의 수도승 동 베르나르도 뱅셀리(Dom Bernardo Vincelli)에 의해 만들어졌다. 처음에는 근처의 가난한 어부와 농부에게 약으로 처방한 것이 기적 같은 효능을 보이자 영약주로 그 이름이 널리 알려지게 되었으며, 1534년에는 프랑수와 1세의 궁전에서 애용될 정도로 그 명성이 높아졌다. 그러나 프랑스혁명으로 수도원의 모든 재산이 정부 소유로 넘어가고 수도사들도 국외로 추방되면서 이 영약주의 제조도 중단될 수밖에 없었다.

베네딕틴의 처방은 몰수된 재산과 함께 광대한 양의 서류 속에 파묻혀 있었는데, 재산 관리인의 자손인 알렉상드르 르 그랑(Alexandre Le Grand)이 이것을 찾아내어 연구에 몰두한 결과, 1863년에 다시 베네딕틴을 만드는 데 성공할 수 있었다. 오늘날에도 똑같은 수도원 부지에 있는 베네딕틴 증류 회사에서 수도원의 관리하에 제조되고 있다. 베네딕틴은 그 비밀 처방을 오랜 세월 동안 유지하고 있다는 점으로도 유명하다. 그 자세한 처방도 오직 세 사람만이 전수받는다고 한다. 브랜디를 베이스로 안젤리카의 뿌리, 산쑥 등 27가지의 약초를 배합하여 증류하는데, 그 향미의 특성에 따라 신비스런 솜씨로 따로따로 증류하여 블렌딩한 후 수년 동안 숙성시킨다고 한다.

베네딕틴은 황록색으로 알코올 농도는 43%이며, 독특한 병 모양, D.O.M.(Dio Optimo Maximo: 최고 최선의 신에게)라는 문자, 그리고 '알렉상드르 르 그랑'의 서명이 들어 있는 상표가 특징이다.

베네딕틴의 효능에 대해서는 전설 같은 이야기가 많다. 어떤 섬의 추장이 임종 때까지 일곱 명의 여성을 만족스럽게 했다는 둥 잠자리에 들기 몇 분 전에 마시는 것이 가장 좋다는 둥 이러쿵저러쿵 말들이 많은 것으로 보아 건강주로서의 효능은 근거가 있는 것으로 생각된다.

베네딕틴 칵테일로는 브란트와 베네딕틴을 동량으로 혼합한 B&B가 유명하다. 요즈음은 조제하여 병에 넣어서 판매하는 기성품 칵테일도 나오고 있다.

웰빙과 음주 문화

술자리는 예절이 기본

동서양을 막론하고 술에는 반드시 그에 맞는 에티켓이란 것이 따라다닌다. 이 에티켓이란 말은 프랑스어로 '예의'를 뜻하지만, '꼬리표' 즉 병에 붙은 라벨을 뜻하기도 한다. 옛날 꼬리표에 예의범절을 적어 놓았던 것이 그 유래이다. 그만큼 술과 예절은 동서고금을 막론하고 떼려야 뗄 수 없는 깊은 관계에 있다. 그런데 서양 술이 우리가 마시는 술의 대부분을 차지하고 또 산업사회로 바뀌면서 우리의 전통 주도(酒道)는 자취를 감추고 대신에 서양의 편리한 주법과 뒤죽박죽이 되어 혼란을 더욱 가중시키고 있다. 우리의 전통 주도는 어른을 공경

하는 데 그 뜻이 있다. 여기에 그 대략을 옮겨 본다.

　　술은 즐겁게 마시되 함부로 하지 않으며, 엄히 하되 어른
과 소원해지지 않는다. …… 어른이 술을 권할 때는 일어서
서 나아가 절을 하고 술잔을 받되, 어른이 이를 만류할 때에
야 제자리에 돌아가 술을 마실 수 있다. 그러나 어른이 들기
전에는 먼저 마셔서는 아니 되고, 또한 어른이 주는 술은 감
히 사양할 수 없다. 술상에 임하면 어른께 술잔을 먼저 권해
야 한다. 어른이 술잔을 주면 두 손으로 공손히 받아야 하
고, 어른 앞에서 함부로 술을 마시는 것을 삼가 윗몸을 뒤로
돌려 술잔을 가리고 마시기도 한다. 어른께 술을 권할 때는
정중한 몸가짐을 하여 두 손으로 따라 올린다. 오른손으로
술병을 잡고 왼손은 오른팔 밑에 대고, 옷자락이 음식에 닿
지 않도록 조심하여 따른다.
　　술을 잘 못하는 사람은 권하는 술을 사양하다가, 마지못
해 술잔을 받았을 때는 싫증을 내고 버릴 것이 아니라 점잖
게 입술만 적시고 잔을 놓아야 한다. 또 받은 술이 아무리
독하더라도 못마땅한 기색을 해서는 안 되며, 그렇다고 경
한 모습으로 훌쩍 마시는 것도 예가 아니다.

이와 같이 우리 조상들은 음주에서도 장유유서(長幼有序)를
반드시 지켰다. 동배간의 주석에서는 주법이 그처럼 세밀하지
않으나 서로 존경하는 자리에서는 주법의 세밀함은 마찬가지

였다. 그러던 우리의 음주 문화가 격변기를 거치면서 엄한 어른이 없는 사회로 변하고, 마시는 술도 대개 서양에서 들어온 술이다 보니 그 예(禮)의 세밀함이 많이 사라지고 이를 무시하는 풍토로 변했다. 그렇더라도 술자리의 예절은 예나 지금이나 달라질 수는 없다. 서양 술을 유럽 사람들이 한 손으로 따른다고 우리도 윗사람에게 서양 술을 한 손으로 따르면 결례가 된다. 혹 장소가 바뀌어 외국에 나가서 외국 사람과 마시면 또 모를까, 우리나라에서는 전통주든 서양 술이든 우리의 주법을 따라야 한다.

예의란 어느 시대건 어느 장소건 상대방을 기분 좋게 배려하는 것이다. 또한 예의란, 몸에 밴 깔끔한 매너도 좋지만 더 중요한 것은 좋은 술이나 음식이 나왔을 때 그 맛과 향을 감상하고, 서로 이야기할 수 있고, 그 술이나 음식에 얽힌 이야기를 풀어 가면서 대화를 이끌어 갈 수 있게 해박한 지식을 갖추는 것이다. 이 정도면 국제 시대 최고의 사교 수단으로서 술을 마음껏 활용할 수 있는 경지에 이르렀다고 볼 수 있다. 그래서 서양 술에 대한 지식이 필요한 것이다.

술이 '신의 선물'이 되려면

술을 많이 마신다고 해서 우리 몸의 어떤 기관이 더 좋아진다거나 정상적인 상태를 유지하지는 않는다. 독한 술로 인해 구강과 식도가 손상되고, 위염·위궤양·지방간·간암 등으로 발전하며, 더 나아가 췌장과 신장이 망가지고 최종적으로 뇌까지 정상 기능을 잃게 된다. 부수적으로 비만과 고혈압의 원인도 된다. 참고로 미국의 통계를 보면 사망자 10명 중 한 명이 술과 관련이 있고, 입원 환자 3명 중 한 명꼴로 술과 직·간접적으로 관련이 있다고 한다.

얼마 전 통계에도 나왔듯이, 우리나라 사람의 음주량은 세계적으로도 상당히 많은 편에 속한다. 우리보다 알코올 섭취량이 많은 프랑스 사람들은 와인을 연간 1인당 70~80병 마신다고 하지만, 이들은 와인을 요리할 때 많이 사용하고 또 술 마시는 사람들의 연령층도 골고루 분포되어 있다. 그러나 우리나라는 20대에서 40대까지의 남자가 대부분이다. 그 연령대로 보면 우리나라 음주가들이 세계에서 가장 술을 많이 마신다고 해도 틀린 말은 아니다. 그 결과 우리나라 남자들은 40대만 되면 벌써 위나 간이 고장 나기 시작하고 사망률도 높아지는 것이다.

그러나 술이 인체에 미치는 영향을 단순히 육체적 건강 측면에서 분석하여 결론을 내릴 수는 없다. 왜냐면 육체적으로 어느 정도 장애를 일으킨다 해도 원하는 목적을 달성할 수도 있고, 정신적으로도 그 이상의 효과를 얻을 수도 있기 때문이다. 적당한 음주는 사람을 명랑하게 하고 긴장된 마음을 풀어지게도 하므로 어색했던 사이가 금방 해소될 수도 있고, 또 회복기 환자나 노인들에게 심리적으로 상당한 도움을 줄 수도 있다. 그래서 술이 우리에게 이로운가, 아니면 해로운가라는 질문에 대해서는 간단히 대답할 수 없는 것이다.

술이 '백약의 으뜸'으로서 그 효과를 발휘하려면 반주로 소량을 사용할 경우이다. 식사 때 와인 한두 잔이나 맥주 한 병 정도면 신진대사에도 공헌하고, 단백질의 낭비나 비타민의 소모량도 적절히 조절할 수 있다. 적절한 음주는 알코올의 효용성을 높여 준다. 그래서 많은 연구 사례에서 나타나듯이 절대 금주자보다 적당히 마시는 사람이 더 오래 산다는 통계가 나오는 것이다.

전통적인 관념으로 음주에 대해 우리는 "알코올은 건강의 적이므로 피하거나 섭취를 줄여야 한다."고 생각하고 있다. 그러나 이런 생각은 단편적인 것이다. 알코올 남용과 그로 인한 건강과 사회적 문제의 확산을 방지하기 위한 노력을 기울여야 하는 것도 당연하지만, 또 건강한 대중에게 최신 과학 정보도 전달해야 한다. 의학적·도덕적·종교적인 이유 등으로 술을 마시지 않는 사람이라면 그럴 필요가 없겠지만, 심장 질환의 위험이 있는 사람에게 적당량의 음주는 심장 질환의 위험을 현저하게 감소시킨다는 사실을 전해 줄 필요가 있다. 그래서 영국 정부는 각계의 전문가를 동원하여 알코올에 대한 과학적이고 의학적인 근거를 검토하고 음주의 이로운 점과 해로운 점을 분석하여 '현명한 음주'라는 지침을 마련, 1995년 12월 이를 발표하였다. 미국도 1996년 '미국인을 위한 식생활 지침'에 하루 한두 잔의 음주는 건강에 유익할 수 있다는 문구를 넣어 개정한 바도 있다.

이렇듯 술이 건강에 좋다는 것은 확실하지만 이것은 적당한 양을 마셨을 때의 이야기이다. 많이 마시면 오히려 더 해롭고, 특히 간이나 위가 약한 사람에게는 '해당 사항'이 없다는 점을 염두에 두었으면 한다. 술 마시는 양과 사망률을 비교해 보면 'U'자 형으로 나타나는데, 과음자, 금주자, 적당히 마시는 사람의 순으로 사망률이 낮아진다는 사실을 우리는 명심해야 한다. 또한 술이 건강에 미치는 영향에 대한 확실한 이론은 아직도 연구를 거듭하고 있는 단계로, 몸에 해롭다는 이론도 만만치 않게 제기되고 있다는 점도 잊어서는 안 된다.

진정한 대화의 술로서 인간관계를 유지하는 술이 되려면, 알코올 농도가 낮은 술을 적당한 선에서 기분 좋게 마시는 습관이 형성되어야 한다. 독한 술은 금방 취하게 되어 서로 자기주장만 앞세우다가 대화를 그르치기 일쑤이고, 오히려 실수를 저질러 인간관계에 문제를 일으킬 수도 있기 때문이다.

이와 같이 술은 긍정적인 면과 부정적인 면을 보이는 양면성을 가지고 있다. 술의 이롭고 해로움은 그 자체에서 나오는 것이 아니라 마시는 사람의 태도에 따라 달라진다는 점을 알아야 한다.

현명한 사람은 술의 긍정적인 면을 최대한 살려 건강 생활을 지속시키고 화목한 인간관계를 유지하기 위해 자제력을 발휘한다. 그리하여 술이 우리 인생을 더욱 즐겁게, 더욱 풍요롭게 하는 '신의 선물'이 되는 것이다.

참고문헌

김준철, 『국제화시대의 양주상식』, 노문사, 2002.

『世界の名酒事典』, 講談社, 2002.

穗積忠彦, 『洋酒工業』, 光琳書院, 1967.

David Ross, *A Little History of Scotland*, Appletree Press, 1995.

Harriet Lembeck, *Grossman's Guide to Wines, Beers, and Spirits,* Charles Scribner's sons, 1983.

Mark Skipworth, *The Scotch Whisky Book*, Lomond Books, 1992.

Scotch Whisky Association, *Scotch Whisky Questions and Answers*, Turncheck Graphies Ltd., Ascot, 1990.

Stuart Walton & Brian Glover, *the Ultimate Encyclopedia of Wine, Beer, Spirits & Liqueurs*, Lorenz Books, 1999.

World Drink Trends 2003, NTC Publications.

양주 이야기

| 펴낸날 | 초판 1쇄 2004년 10월 30일 |
| | 초판 7쇄 2017년 9월 29일 |

지은이	김준철
펴낸이	심만수
펴낸곳	(주)살림출판사
출판등록	1989년 11월 1일 제9-210호

주소	경기도 파주시 광인사길 30
전화	031-955-1350　팩스 031-624-1356
홈페이지	http://www.sallimbooks.com
이메일	book@sallimbooks.com

| ISBN | 978-89-522-0300-7　04080 |
| | 978-89-522-0096-9　04080(세트) |

함께 읽으면 좋은 책

경제·실용

122 모든 것을 고객중심으로 바꿔라 `eBook`

안상헌(국민연금관리공단 CS Leader)

고객중심의 서비스전략을 일상의 모든 부분에 적용해야 한다는 가르침을 주는 책. 나 이외의 모든 사람을 고객으로 보고 서비스가 살아야 우리도 산다는 평범한 진리의 힘을 느끼게 해 준다. 피뢰침의 원칙, 책임공감의 원칙, 감정통제의 원칙, 언어절제의 원칙, 역지사지의 원칙이 사람을 상대하는 5가지 기본 원칙으로 제시된다.

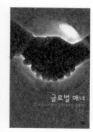

233 글로벌 매너

박한표(대전와인아카데미 원장)

매너는 에티켓과는 다르다. 에티켓이 인간관계를 원활하게 해주는 사회적 불문율로서의 규칙이라면, 매너는 일상생활 속에 에티켓을 적용하는 방식을 말한다. 삶을 잘 사는 방법인 매너의 의미를 설명하고, 글로벌 시대에 우리가 기본적으로 갖추어야 할 국제매너를 구체적으로 소개한 책. 삶의 예술이자 경쟁력인 매너의 핵심 내용을 소개한다.

350 스티브 잡스 `eBook`

김상훈(동아일보 기자)

스티브 잡스는 시기심과 자기과시, 성공에의 욕망으로 똘똘 뭉친 불완전한 사람이었다. 하지만 동시에 강철 같은 의지로 자신의 불완전함을 극복하고 사회에 가치 있는 일을 하고자 노력했던 위대한 정신의 소유자이기도 하다. 이 책은 스티브 잡스의 삶을 통해 불완전한 우리 자신에 내재된 위대한 본성을 찾아내고자 한다.

352 워렌 버핏 `eBook`

이민주(한국투자연구소 버핏연구소 소장)

'오마하의 현인'이라고 불리는 워렌 버핏. 그는 일찌감치 자신의 투자 기준을 마련한 후, 금융 일번지 월스트리트가 아닌 자신의 고향 오마하로 와서 본격적인 투자사업을 시작한다. 그의 성공은 성공하는 투자의 출발점은 결국 자기 자신이라는 점을 보여 준다. 워렌 버핏의 삶을 통해 세계 최고의 부자는 어떻게 만들어지는가를 살펴보자.

145 패션과 명품

eBook

이재진(패션 칼럼니스트)

패션 산업과 명품에 대한 이해를 돕는 책. 샤넬, 크리스챤 디올, 아르마니, 베르사체, 버버리, 휴고보스 등 브랜드의 탄생 배경과 명품으로 불리는 까닭을 알려 준다. 이 밖에도 이 책은 사람들이 명품을 찾는 심리는 무엇인지, 유명 브랜드들이 어떤 컨셉과 마케팅 전략을 취하는지 등을 살펴본다.

434 치즈 이야기

eBook

박승용(천안연암대 축산계열 교수)

우리 식문화 속에 다채롭게 자리 잡고 있는 치즈를 여러 각도에서 살펴 본 작은 '치즈 사전'이다. 치즈를 고르고 먹는 데 필요한 아기자기한 상식에서부터 나라별 대표 치즈 소개, 치즈에 대한 오해와 진실, 와인에 어울리는 치즈 선별법까지, 치즈를 이해하는 데 필요한 지식과 정보가 골고루 녹아들었다.

435 면 이야기

eBook

김한송(요리사)

면(국수)은 세계 각국으로 퍼져 나가면서 제각기 다른 형태로 조리법이 바뀌고 각 지역 특유의 색깔이 결합하면서 독특한 문화 형태로 발전했다. 칼국수를 사랑한 대통령에서부터 파스타의 기하학까지, 크고 작은 에피소드에 귀 기울이는 동안 독자들은 면의 또 다른 매력을 발견할 수 있을 것이다.

436 막걸리 이야기

eBook

정은숙(기행작가)

우리 땅 곳곳의 유명 막걸리 양조장과 대폿집을 순례하며 그곳의 풍경과 냄새, 무엇보다 막걸리를 만들고 내오는 이들의 정(情)을 담아내기 위해 애쓴 흔적이 역력하다. 효모 연구가의 단단한 손끝에서 만들어지는 막걸리에서부터 대통령이 애호했던 막걸리, 지역 토박이 부부가 휘휘 저어 건네는 순박한 막걸리까지, 또 여기에 막걸리 제조법과 변천사, 대폿집의 역사까지 아우르고 있다.

253 프랑스 미식 기행　　　eBook

심순철(식품영양학과 강사)

프랑스의 각 지방 음식을 소개하면서 거기에 얽힌 역사적인 사실과 문화적인 배경을 재미있게 소개하고 있다. 누가 읽어도 프랑스 음식문화에 대해 어느 정도 이해할 수 있도록 복잡하지 않게, 이야기하듯 쓰인 것이 장점이다. 프랑스로 미식 여행을 떠나고자 하는 이에게 맛과 멋과 향이 어우러진 프랑스의 역사와 문화를 소개하는 책.

132 색의 유혹 색채심리와 컬러 마케팅　　　eBook

오수연(한국마케팅연구원 연구원)

색이 인간에게 미치는 영향과 이를 이용한 컬러 마케팅이 어떤 기법으로 발전했는가를 보여 준다. 색은 생리적 또는 심리적 면에서 사람들에게 많은 영향을 미친다. 컬러가 제품을 파는 시대'의 마케팅에서 주로 사용되는 6가지 대표색을 중심으로 컬러의 트렌드를 읽어 색이 가지는 이미지의 변화를 소개한다.

447 브랜드를 알면 자동차가 보인다

김흥식(「오토헤럴드」 편집장)

세계의 자동차 브랜드가 그 가치를 지니기까지의 역사, 그리고 이를 위해 땀 흘린 장인들에 관한 이야기. 무명의 자동차 레이서가 세계 최고의 자동차 브랜드를 일궈내고, 어머니를 향한 아들의 효심이 최강의 경쟁력을 자랑하는 자동차 브랜드로 이어지기까지의 짧지 않은 역사가 우리 눈에 익숙한 엠블럼과 함께 명쾌하게 정리됐다.

449 알고 쓰는 화장품　　　eBook

구희연(3020안티에이징연구소 이사)

화장품을 고르는 당신의 기준은 무엇인가? 우리는 음식을 고르듯 화장품 선택에 꼼꼼한 편인가? 이 책은 화장품 성분을 파악하는 법부터 화장품의 궁합까지 단순한 화장품 선별 가이드로써의 역할이 아니라 궁극적으로 당신의 '아름답고 건강한 피부'를 만들기 위한 지침서다.

 표시가 되어있는 도서는 전자책으로 구매가 가능합니다.

㈜살림출판사

www.sallimbooks.com

주소 경기도 파주시 문발동 522-1 | 전화 031-955-1350 | 팩스 031-955-1355